NE 능률

기본 연산 Check-Book

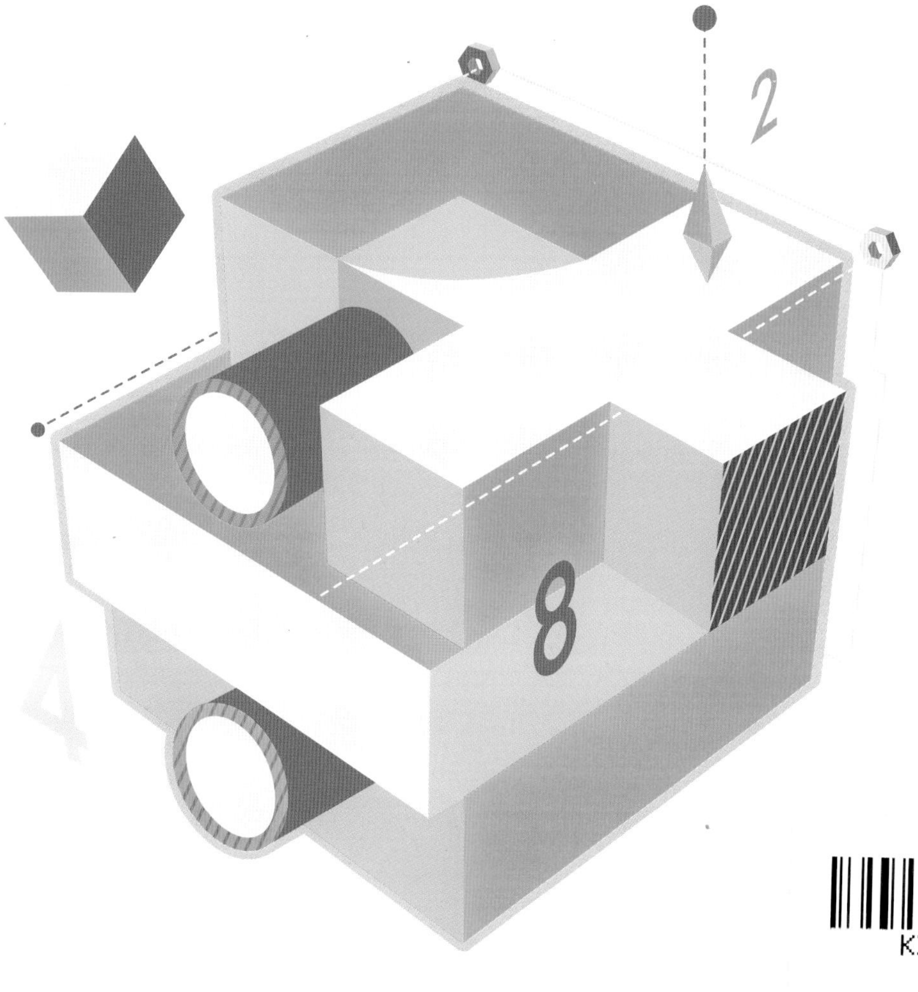

KB014139

초등1 2호

빨셈구구와 덧셈, 뺄셈 혼합

1주 (십 몇)에서 빼기

❶ $14-9=\square$ ❷ $13-7=\square$ ❸ $12-8=\square$

❹ $16-9=\square$ ❺ $15-8=\square$ ❻ $11-7=\square$

❼ $11-8=\square$ ❽ $12-7=\square$ ❾ $14-5=\square$

❿ $13-5=\square$ ⓫ $17-9=\square$ ⓬ $11-3=\square$

⓭ $11-2=\square$ ⓮ $11-5=\square$ ⓯ $12-6=\square$

⓰ $15-6=\square$ ⓱ $11-6=\square$ ⓲ $13-6=\square$

⓳ $\begin{array}{r} 13 \\ -\ \ 6 \\ \hline \square \end{array}$ ⓴ $\begin{array}{r} 15 \\ -\ \ 9 \\ \hline \square \end{array}$ ㉑ $\begin{array}{r} 13 \\ -\ \ 9 \\ \hline \square \end{array}$ ㉒ $\begin{array}{r} 17 \\ -\ \ 8 \\ \hline \square \end{array}$

㉓ $\begin{array}{r} 11 \\ -\ \ 2 \\ \hline \square \end{array}$ ㉔ $\begin{array}{r} 12 \\ -\ \ 6 \\ \hline \square \end{array}$ ㉕ $\begin{array}{r} 16 \\ -\ \ 8 \\ \hline \square \end{array}$ ㉖ $\begin{array}{r} 13 \\ -\ \ 4 \\ \hline \square \end{array}$

자르는 선

월 일

㉗ $16-7=\square$ ㉘ $14-8=\square$ ㉙ $13-9=\square$

㉚ $12-4=\square$ ㉛ $15-7=\square$ ㉜ $11-9=\square$

㉝ $13-4=\square$ ㉞ $12-3=\square$ ㉟ $17-8=\square$

㊱ $12-9=\square$ ㊲ $18-9=\square$ ㊳ $15-9=\square$

㊴ $14-7=\square$ ㊵ $12-5=\square$ ㊶ $13-8=\square$

㊷ $11-4=\square$ ㊸ $16-8=\square$ ㊹ $14-6=\square$

㊺ $\begin{array}{r} 12 \\ -\ \ 8 \\ \hline \square \end{array}$ ㊻ $\begin{array}{r} 11 \\ -\ \ 7 \\ \hline \square \end{array}$ ㊼ $\begin{array}{r} 15 \\ -\ \ 7 \\ \hline \square \end{array}$ ㊽ $\begin{array}{r} 12 \\ -\ \ 5 \\ \hline \square \end{array}$

㊾ $\begin{array}{r} 14 \\ -\ \ 5 \\ \hline \square \end{array}$ ㊿ $\begin{array}{r} 18 \\ -\ \ 9 \\ \hline \square \end{array}$ 51 $\begin{array}{r} 11 \\ -\ \ 4 \\ \hline \square \end{array}$ 52 $\begin{array}{r} 14 \\ -\ \ 7 \\ \hline \square \end{array}$

자르는 선

2주 □가 있는 뺄셈

❶ $15-\square=6$ ❷ $13-\square=5$ ❸ $14-\square=6$

❹ $14-\square=5$ ❺ $12-\square=3$ ❻ $15-\square=8$

❼ $11-\square=2$ ❽ $17-\square=8$ ❾ $12-\square=9$

❿ $13-\square=6$ ⓫ $11-\square=8$ ⓬ $16-\square=9$

⓭ $16-\square=7$ ⓮ $15-\square=9$ ⓯ $13-\square=4$

⓰ $13-\square=7$ ⓱ $11-\square=3$ ⓲ $12-\square=4$

⓳ $\begin{array}{r} 11 \\ -\ \square \\ \hline 2 \end{array}$ ⓴ $\begin{array}{r} 13 \\ -\ \square \\ \hline 8 \end{array}$ ㉑ $\begin{array}{r} 15 \\ -\ \square \\ \hline 9 \end{array}$ ㉒ $\begin{array}{r} 12 \\ -\ \square \\ \hline 3 \end{array}$

㉓ $\begin{array}{r} 14 \\ -\ \square \\ \hline 8 \end{array}$ ㉔ $\begin{array}{r} 16 \\ -\ \square \\ \hline 9 \end{array}$ ㉕ $\begin{array}{r} 12 \\ -\ \square \\ \hline 6 \end{array}$ ㉖ $\begin{array}{r} 14 \\ -\ \square \\ \hline 6 \end{array}$

자르는 선

월 일

㉗ $16-\square=8$ ㉘ $13-\square=9$ ㉙ $14-\square=7$

㉚ $12-\square=6$ ㉛ $14-\square=9$ ㉜ $17-\square=9$

㉝ $11-\square=4$ ㉞ $12-\square=9$ ㉟ $15-\square=8$

㊱ $13-\square=8$ ㊲ $18-\square=9$ ㊳ $11-\square=9$

㊴ $12-\square=7$ ㊵ $14-\square=8$ ㊶ $11-\square=5$

㊷ $11-\square=7$ ㊸ $15-\square=6$ ㊹ $12-\square=5$

㊺ $\begin{array}{r} 13 \\ -\ \square \\ \hline 6 \end{array}$ ㊻ $\begin{array}{r} 14 \\ -\ \square \\ \hline 5 \end{array}$ ㊼ $\begin{array}{r} 11 \\ -\ \square \\ \hline 6 \end{array}$ ㊽ $\begin{array}{r} 14 \\ -\ \square \\ \hline 9 \end{array}$

㊾ $\begin{array}{r} 11 \\ -\ \square \\ \hline 8 \end{array}$ ㊿ $\begin{array}{r} 18 \\ -\ \square \\ \hline 9 \end{array}$ (51) $\begin{array}{r} 15 \\ -\ \square \\ \hline 7 \end{array}$ (52) $\begin{array}{r} 12 \\ -\ \square \\ \hline 8 \end{array}$

자르는 선

3주 두 수의 차

❶ 16, 8 → (−) → □

❷ 13, 5 → (−) → □

❸ 15, 9 → (−) → □

❹ 7, 13 → (−) → □

❺ 7, 12 → (−) → □

❻ 14, 8 → (−) → □

❼ 11, 4 → (−) → □

❽ 6, 15 → (−) → □

❾ 7, 14 → (−) → □

❿ 15, 7 → (−) → □

⓫ 16, 7 → (−) → □

⓬ 9, 13 → (−) → □

⓭ 8, 17 → (−) → □

⓮ 12, 5 → (−) → □

⓯ 13, 8 → (−) → □

⓰ 9, 17 → (−) → □

⓱ 11, 9 → (−) → □

⓲ 2, 11 → (−) → □

⓳ 18, 9 → (−) → □

⓴ 4, 11 → (−) → □

자르는 선

월 일

㉑ 15 8 − □

㉒ 5 11 − □

㉓ 14 9 − □

㉔ 11 7 − □

㉕ 9 17 − □

㉖ 12 4 − □

㉗ 7 15 − □

㉘ 12 8 − □

㉙ 6 14 − □

㉚ 8 16 − □

㉛ 17 8 − □

㉜ 15 9 − □

㉝ 9 12 − □

㉞ 14 5 − □

㉟ 6 12 − □

㊱ 13 4 − □

㊲ 11 3 − □

㊳ 6 13 − □

㊴ 3 12 − □

㊵ 9 16 − □

자르는 선

4주 덧셈구구와 뺄셈구구 (1)

❶
- 3+8=□
- 8+3=□
- 11−3=□
- 11−8=□

❷
- 4+7=□
- 7+4=□
- 11−4=□
- 11−7=□

❸
- 8+9=□
- 9+8=□
- 17−8=□
- 17−9=□

❹
- 7+9=□
- 9+7=□
- 16−7=□
- 16−9=□

❺
- 6+7=□
- 7+6=□
- 13−6=□
- 13−7=□

❻
- 3+9=□
- 9+3=□
- 12−3=□
- 12−9=□

❼
- 4+8=□
- 8+4=□
- 12−4=□
- 12−8=□

❽
- 6+9=□
- 9+6=□
- 15−6=□
- 15−9=□

❾
- 7+8=□
- 8+7=□
- 15−7=□
- 15−8=□

자르는 선

월 일

⑩
$5+8=\square$
$8+5=\square$
$13-5=\square$
$13-8=\square$

⑪
$4+9=\square$
$9+4=\square$
$13-4=\square$
$13-9=\square$

⑫
$5+7=\square$
$7+5=\square$
$12-5=\square$
$12-7=\square$

⑬
$5+6=\square$
$6+5=\square$
$11-5=\square$
$11-6=\square$

⑭
$6+8=\square$
$8+6=\square$
$14-6=\square$
$14-8=\square$

⑮
$5+9=\square$
$9+5=\square$
$14-5=\square$
$14-9=\square$

⑯
$2+9=\square$
$9+2=\square$
$11-2=\square$
$11-9=\square$

⑰
$6+6=\square$
$12-6=\square$

⑱
$7+7=\square$
$14-7=\square$

⑲
$9+9=\square$
$18-9=\square$

⑳
$8+8=\square$
$16-8=\square$

자르는 선

5주 덧셈구구와 뺄셈구구 (2)

❶ 7+□=12, 12−7=□

❷ □+8=14, 14−8=□

❸ 9+□=17, 17−9=□

❹ □+3=11, 11−3=□

❺ 4+□=13, 13−4=□

❻ □+5=14, 14−5=□

❼ 7+□=15, 15−7=□

❽ □+9=18, 18−9=□

❾ 3+□=12, 12−3=□

❿ □+6=13, 13−6=□

⓫ 8+□=15, 15−8=□

⓬ □+9=15, 15−9=□

⓭ 8+□=17, 17−8=□

⓮ □+7=14, 14−7=□

⓯ 5+□=12, 12−5=□

⓰ □+8=13, 13−8=□

⓱ 9+□=16, 16−9=□

⓲ □+5=14, 14−5=□

자르는 선

월 일

⑲
12－□＝4
12－4＝□

⑳
12－□＝6
6＋6＝□

㉑
11－□＝7
11－7＝□

㉒
□－3＝8
8＋3＝□

㉓
14－□＝6
14－6＝□

㉔
□－9＝7
7＋9＝□

㉕
11－□＝9
11－9＝□

㉖
□－5＝8
8＋5＝□

㉗
13－□＝5
13－5＝□

㉘
□－4＝9
9＋4＝□

㉙
15－□＝6
15－6＝□

㉚
□－8＝6
6＋8＝□

㉛
13－□＝7
13－7＝□

㉜
12－8＝□
4＋8＝□

㉝
11－□＝8
11－8＝□

㉞
□－9＝5
5＋9＝□

㉟
18－□＝9
9＋9＝□

㊱
□－5＝7
7＋5＝□

자르는 선

6주 세 수의 덧셈과 뺄셈

❶ $3+2+8=\square$

❷ $18-9-4=\square$

❸ $2+6+6=\square$

❹ $12-4-3=\square$

❺ $3+3+9=\square$

❻ $16-7-3=\square$

❼ $7+1+7=\square$

❽ $15-6-2=\square$

❾ $3+5+7=\square$

❿ $11-4-3=\square$

⓫ $3+4+5=\square$

⓬ $11-5-4=\square$

⓭ $8+1+5=\square$

⓮ $13-5-2=\square$

⓯ $5+4+8=\square$

⓰ $11-7-1=\square$

⓱ $7+2+2=\square$

⓲ $16-8-1=\square$

⓳ $6+2+8=\square$

⓴ $12-7-4=\square$

자르는 선

월 일

㉑ $9+2-7=\square$

㉒ $11-2+7=\square$

㉓ $9+5-8=\square$

㉔ $11-3+9=\square$

㉕ $8+5-6=\square$

㉖ $12-5+9=\square$

㉗ $7+9-8=\square$

㉘ $13-5+4=\square$

㉙ $6+8-7=\square$

㉚ $14-8+7=\square$

㉛ $3+9-5=\square$

㉜ $16-7+5=\square$

㉝ $5+6-9=\square$

㉞ $17-8+6=\square$

㉟ $9+3-9=\square$

㊱ $18-9+7=\square$

㊲ $8+3-9=\square$

㊳ $11-5+8=\square$

㊴ $7+4-8=\square$

㊵ $12-7+8=\square$

자르는 선

7주 문해결 연산

❶ $6+1+\square=13$

❷ $\square-5-3=4$

❸ $4+5+\square=18$

❹ $\square-9-3=5$

❺ $5+2+\square=12$

❻ $\square-4-6=3$

❼ $4+4+\square=16$

❽ $\square-8-1=7$

❾ $6+1+\square=11$

❿ $\square-7-3=1$

⓫ $2+7+\square=14$

⓬ $\square-6-2=6$

⓭ $4+2+\square=13$

⓮ $\square-9-1=8$

⓯ $8+1+\square=17$

⓰ $\square-8-2=4$

⓱ $6+3+\square=18$

⓲ $\square-7-2=4$

⓳ $5+2+\square=15$

⓴ $\square-9-3=3$

자르는 선

월 일

㉑ $7+7-\square=6$

㉒ $12-7+\square=13$

㉓ $6+9-\square=7$

㉔ $13-4+\square=17$

㉕ $4+7-\square=5$

㉖ $14-9+\square=11$

㉗ $9+4-\square=8$

㉘ $15-8+\square=14$

㉙ $8+4-\square=9$

㉚ $16-8+\square=11$

㉛ $8+7-\square=6$

㉜ $17-9+\square=16$

㉝ $7+5-\square=8$

㉞ $18-9+\square=11$

㉟ $6+6-\square=3$

㊱ $11-7+\square=13$

㊲ $5+8-\square=6$

㊳ $12-4+\square=11$

㊴ $3+9-\square=7$

㊵ $13-7+\square=15$

자르는 선

8주 문장이 있는 덧셈과 뺄셈

❶ 꽃밭에 장미꽃 8송이와 튤립 7송이가 있습니다. 꽃은 모두 몇 송이 입니까?

□ + □ = □ (송이)

❷ 민주네 반에는 안경을 낀 남학생이 9명, 안경을 낀 여학생이 6명입니다. 민주네 반에 안경을 낀 학생은 모두 몇 명입니까?

□ + □ = □ (명)

❸ 지웅이는 지난주에는 6일 동안 아침 운동을 하였고, 이번 주에는 5일 동안 아침 운동을 하였습니다. 지웅이는 지난주와 이번 주에 아침 운동을 모두 며칠 하였습니까?

□ + □ = □ (일)

❹ 동물병원에 고양이가 6마리 있습니다. 강아지는 고양이보다 8마리 더 많습니다. 강아지는 모두 몇 마리 있습니까?

□ + □ = □ (마리)

❺ 진호네 집에는 동화책이 7권 있습니다. 위인전은 동화책보다 9권이 더 많습니다. 위인전은 몇 권 있습니까?

□ + □ = □ (권)

자르는 선

월 일

❻ 주차장에 차가 12대 있었는데, 그중에서 7대가 나갔습니다. 남은 차는 몇 대입니까?

□ − □ = □ (대)

❼ 성수는 종이학을 11개 가지고 있습니다. 친구에게 종이학을 4개 주면 성수에게 남은 종이학은 몇 개입니까?

□ − □ = □ (개)

❽ 색종이가 15장 있습니다. 그중에서 9장을 사용했습니다. 사용하지 않은 색종이는 몇 장입니까?

□ − □ = □ (장)

❾ 집에 편지가 11통, 소포가 2개 왔습니다. 편지는 소포보다 몇 통 더 많이 왔습니까?

□ − □ = □ (통)

❿ 성민이는 우표를 17장, 정호는 9장을 샀습니다. 성민이는 정호보다 우표를 얼마나 더 많이 샀습니까?

□ − □ = □ (장)

자르는 선

정 답

1주 (십 몇)에서 빼기

1~2쪽

(1) 5 (2) 6 (3) 4 (4) 7 (5) 7 (6) 4 (7) 3 (8) 5 (9) 9 (10) 8 (11) 8 (12) 8
(13) 9 (14) 6 (15) 6 (16) 9 (17) 5 (18) 7 (19) 7 (20) 6 (21) 4 (22) 9 (23) 9 (24) 6
(25) 8 (26) 9 (27) 9 (28) 6 (29) 4 (30) 8 (31) 8 (32) 2 (33) 9 (34) 9 (35) 9 (36) 3
(37) 9 (38) 6 (39) 7 (40) 7 (41) 5 (42) 7 (43) 8 (44) 8 (45) 4 (46) 4 (47) 8 (48) 7
(49) 9 (50) 9 (51) 7 (52) 7

2주 □가 있는 뺄셈

3~4쪽

(1) 9 (2) 8 (3) 8 (4) 9 (5) 9 (6) 7 (7) 9 (8) 9 (9) 3 (10) 7 (11) 3 (12) 7
(13) 9 (14) 6 (15) 9 (16) 6 (17) 8 (18) 8 (19) 9 (20) 5 (21) 6 (22) 9 (23) 6 (24) 7
(25) 6 (26) 8 (27) 8 (28) 4 (29) 7 (30) 6 (31) 5 (32) 8 (33) 7 (34) 3 (35) 7 (36) 5
(37) 9 (38) 2 (39) 5 (40) 6 (41) 6 (42) 4 (43) 9 (44) 7 (45) 7 (46) 9 (47) 5 (48) 5
(49) 3 (50) 9 (51) 8 (52) 4

3주 두 수의 차

5~6쪽

(1) 8 (2) 8 (3) 6 (4) 6 (5) 5 (6) 6 (7) 7 (8) 9 (9) 7 (10) 8 (11) 9 (12) 4
(13) 9 (14) 7 (15) 5 (16) 8 (17) 2 (18) 9 (19) 9 (20) 7 (21) 7 (22) 6 (23) 5 (24) 4
(25) 8 (26) 8 (27) 8 (28) 4 (29) 8 (30) 8 (31) 9 (32) 6 (33) 3 (34) 9 (35) 6 (36) 9
(37) 8 (38) 7 (39) 9 (40) 7

4주 덧셈구구와 뺄셈구구 (1)

7~8쪽

(1) 11, 11, 8, 3 (2) 11, 11, 7, 4 (3) 17, 17, 9, 8 (4) 16, 16, 9, 7 (5) 13, 13, 7, 6 (6) 12, 12, 9, 3
(7) 12, 12, 8, 4 (8) 15, 15, 9, 6 (9) 15, 15, 8, 7 (10) 13, 13, 8, 5 (11) 13, 13, 9, 4 (12) 12, 12, 7, 5
(13) 11, 11, 6, 5 (14) 14, 14, 8, 6 (15) 14, 14, 9, 5 (16) 11, 11, 9, 2 (17) 12, 6 (18) 14, 7
(19) 18, 9 (20) 16, 8

5주 덧셈구구와 뺄셈구구 (2)

9~10쪽

(1) 5, 5 (2) 6, 6 (3) 8, 8 (4) 8, 8 (5) 9, 9 (6) 9, 9 (7) 8, 8 (8) 9, 9 (9) 9, 9 (10) 7, 7 (11) 7, 7 (12) 6, 6
(13) 9, 9 (14) 7, 7 (15) 7, 7 (16) 5, 5 (17) 7, 7 (18) 9, 9 (19) 8, 8 (20) 6, 12 (21) 4, 4 (22) 11, 11 (23) 8, 8
(24) 16, 16 (25) 2, 2 (26) 13, 13 (27) 8, 8 (28) 13, 13 (29) 9, 9 (30) 14, 14 (31) 6, 6
(32) 4, 12 (33) 3, 3 (34) 14, 14 (35) 9, 18 (36) 12, 12

6주 세 수의 덧셈과 뺄셈

11~12쪽

(1) 13 (2) 5 (3) 14 (4) 5 (5) 15 (6) 6 (7) 15 (8) 7 (9) 15 (10) 4 (11) 12 (12) 2
(13) 14 (14) 6 (15) 17 (16) 3 (17) 11 (18) 7 (19) 16 (20) 1 (21) 4 (22) 16 (23) 6 (24) 17
(25) 7 (26) 16 (27) 8 (28) 12 (29) 7 (30) 13 (31) 7 (32) 14 (33) 2 (34) 15 (35) 3 (36) 16
(37) 2 (38) 14 (39) 3 (40) 13

7주 문해결 연산

13~14쪽

(1) 6 (2) 12 (3) 9 (4) 17 (5) 5 (6) 13 (7) 8 (8) 16 (9) 4 (10) 11 (11) 5 (12) 14
(13) 7 (14) 18 (15) 8 (16) 14 (17) 9 (18) 13 (19) 8 (20) 15 (21) 8 (22) 8 (23) 8 (24) 8
(25) 6 (26) 6 (27) 5 (28) 7 (29) 3 (30) 3 (31) 9 (32) 8 (33) 4 (34) 2 (35) 9 (36) 9
(37) 7 (38) 3 (39) 5 (40) 9

8주 문장이 있는 덧셈과 뺄셈

15~16쪽

(1) 8, 7, 15 (2) 9, 6, 15 (3) 6, 5, 11 (4) 6, 8, 14 (5) 7, 9, 16 (6) 12, 7, 5
(7) 11, 4, 7 (8) 15, 9, 6 (9) 11, 2, 9 (10) 17, 9, 8

사고셈

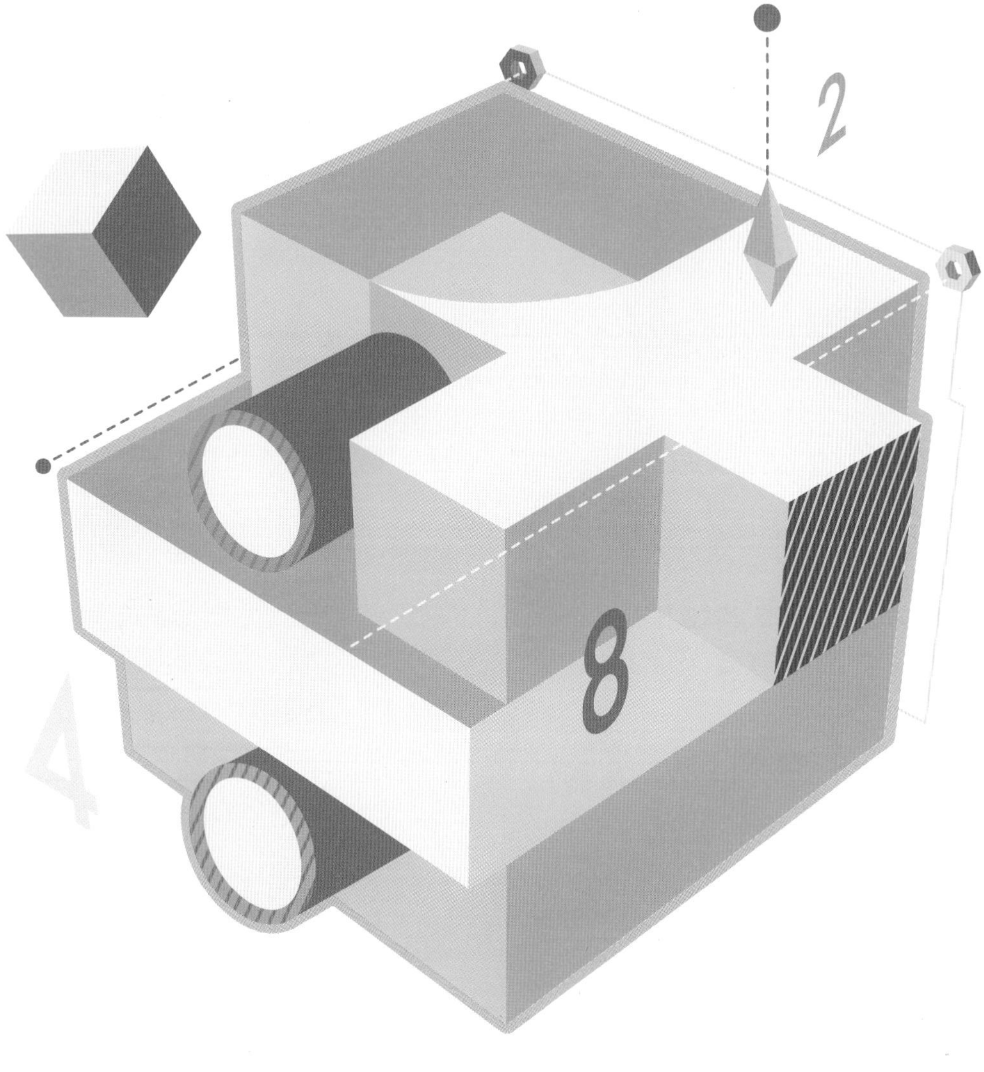

초등1 2호

이 책의 **구성과 특징**

생각의 힘을 키우는 사고(思考)셈은 1주 4개, 8주 32개의 사고력 유형 학습을 통해 수와 연산에 대한 개념의 응용력(추론 및 문제해결능력)을 키울 수 있도록 하였습니다.

사고력 연산

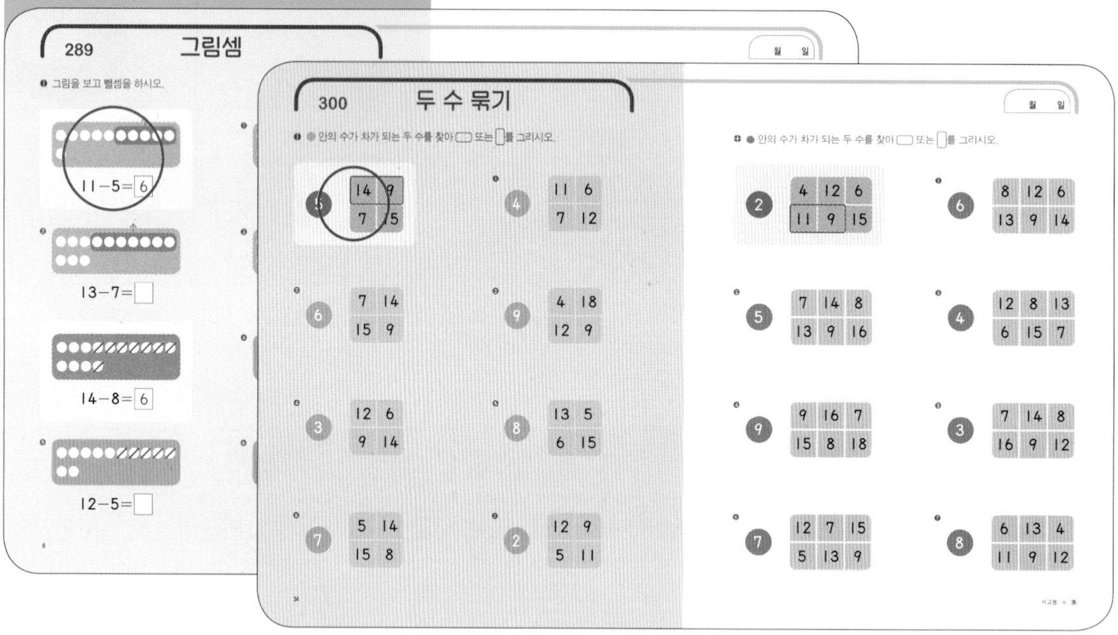

- 대표 사고력 유형으로 연산 원리를 쉽게쉽게
- 1~4일차: 다양한 유형의 주 진도 학습

잘 공부했는지 알아봅시다.

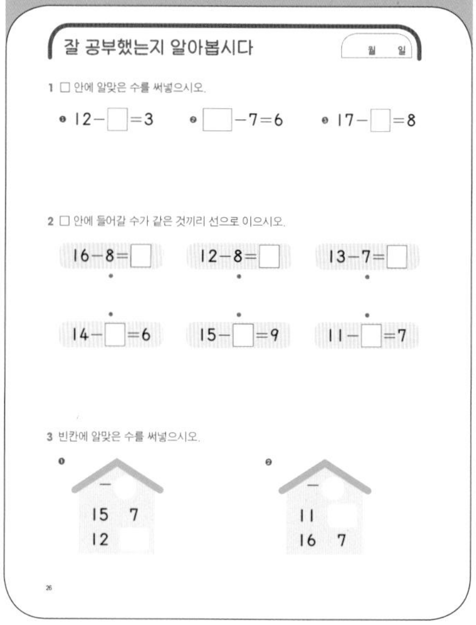

- 5일차 점검 학습: 주 진도 학습 확인

권두부록 (기본연산 Check-Book)

기본연산 Check-Book

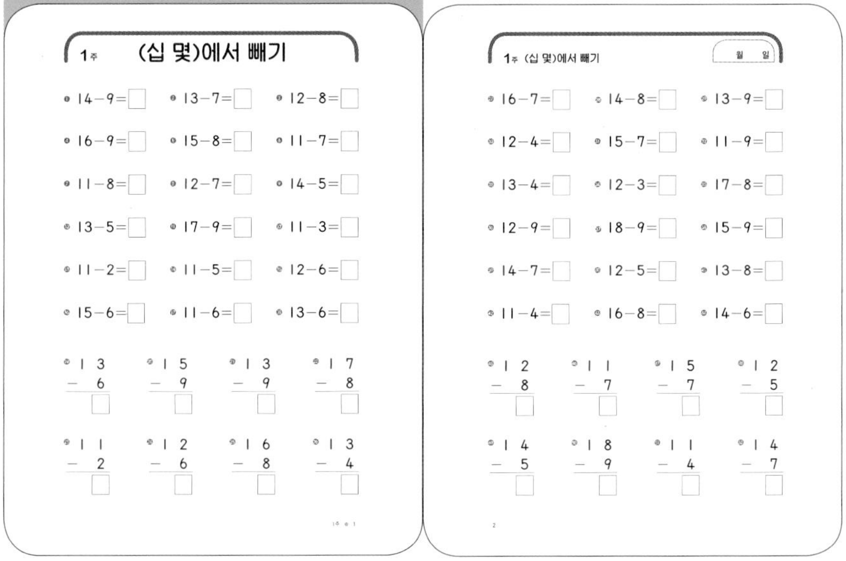

- 본 학습 전 기본연산 실력 진단

권말부록 (G-Book)

Guide Book(정답 및 해설)

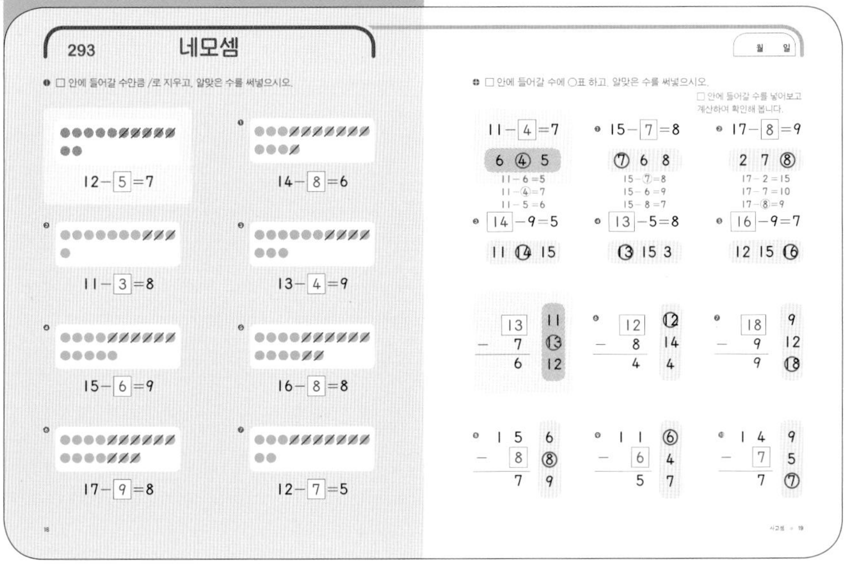

- 문제와 답을 한 눈에!
- 상세한 풀이와 친절한 해설, 답

학습 효과 및 활용법

학습 효과

- 수학적 사고력 향상
- 생각의 다양성 향상
- 스스로 생각을 만드는 직관 학습
- 추론능력, 문제해결력 향상
- 연산의 원리 이해
- 수·연산 영역 완벽 대비
- 다양한 유형으로 수 조작력 향상
- 진도 학습 및 점검 학습으로 연산 학습 완성

사고셈

주차별 활용법

1단계
기본연산 Check-Book으로 준비 학습

→

2단계
사고력 유형으로 진도 학습

→

3단계
마무리 문제로 점검 학습

1단계 : 기본연산 Check-Book으로 사고력 연산을 위한 준비 학습을 합니다.

2단계 : 사고력 유형으로 사고력 연산의 진도 학습을 합니다.

3단계 : 한 주마다 점검 학습(잘 공부했는지 알아봅시다)으로 사고력 향상을 확인합니다.

학습 구성

6세

1호	10까지의 수
2호	더하기 빼기 1과 2
3호	합이 9까지인 덧셈
4호	한 자리 수의 뺄셈과 세 수의 계산

7세

1호	한 자리 수의 덧셈과 뺄셈
2호	10 만들기
3호	50까지의 수
4호	더하기 빼기 1과 2, 10과 20

초등 1

1호	덧셈구구
2호	뺄셈구구와 덧셈, 뺄셈 혼합
3호	100까지의 수, 1000까지의 수
4호	받아올림, 받아내림 없는 두 자리 수의 계산

초등 2

1호	두 자리 수와 한 자리 수의 덧셈과 뺄셈
2호	두 자리 수의 덧셈과 뺄셈
3호	곱셈구구
4호	곱셈과 나눗셈 구구

초등 3

1호	세·네 자리 수의 덧셈과 뺄셈
2호	분수와 소수의 기초
3호	두 자리 수의 곱셈과 나눗셈
4호	분수

초등 4

1호	분수의 덧셈과 뺄셈
2호	혼합 계산
3호	소수의 덧셈과 뺄셈
4호	어림하기

이 책의 학습 로드맵

START 시작

1주 (십 몇)에서 빼기

2주 □가 있는 뺄셈

3주 두 수의 차

4주 덧셈구구와 뺄셈구구 (1)

5주 덧셈구구와 뺄셈구구 (2)

6주 세 수의 덧셈과 뺄셈

7주 문해결 연산

8주 문장이 있는 덧셈과 뺄셈

GOAL 완성

1 (십 몇)에서 빼기

그림셈

◐ 그림을 보고 뺄셈을 하시오.

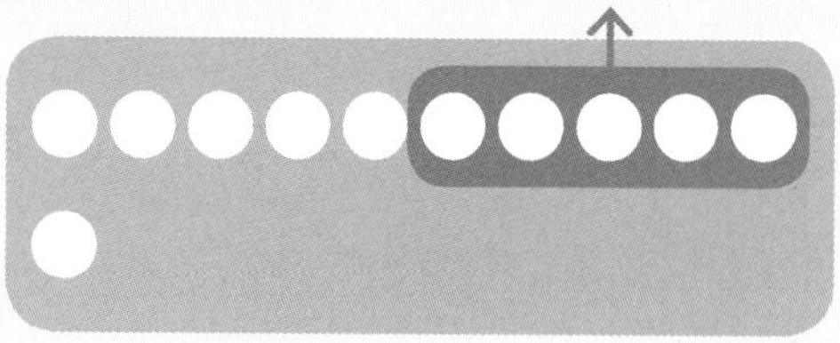

$11-5=\boxed{6}$

❶

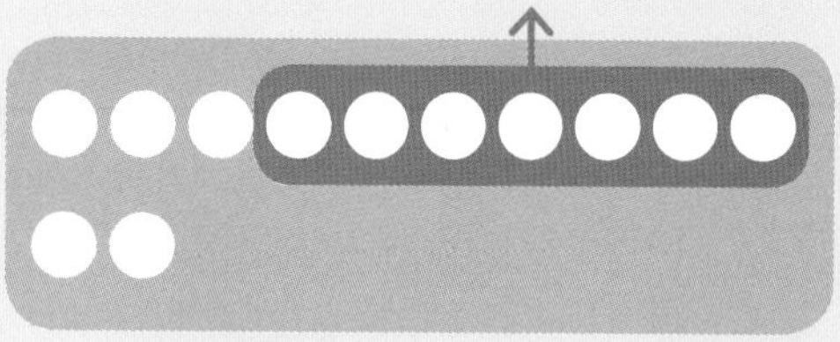

$12-7=\boxed{}$

❷

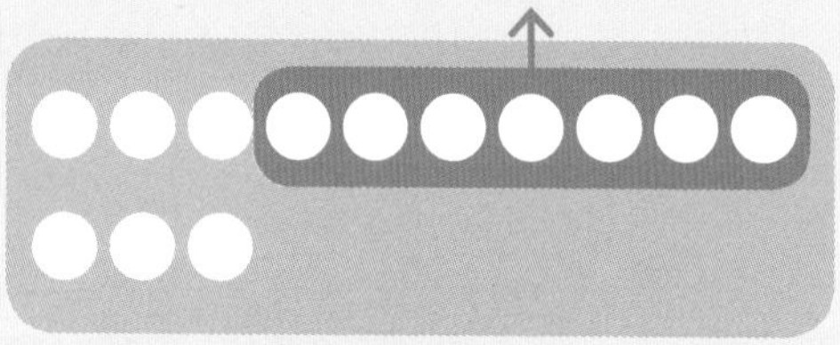

$13-7=\boxed{}$

❸

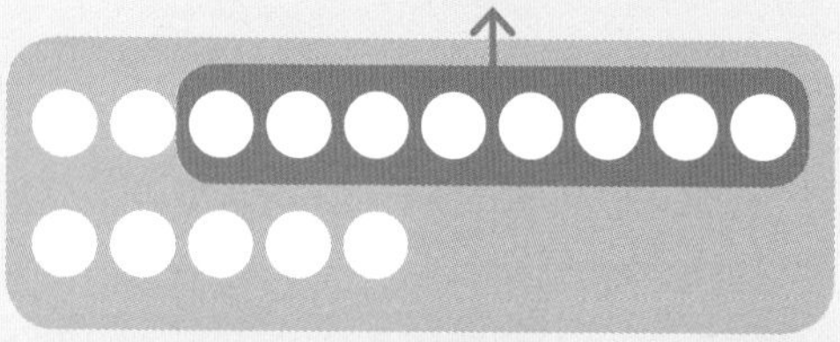

$15-8=\boxed{}$

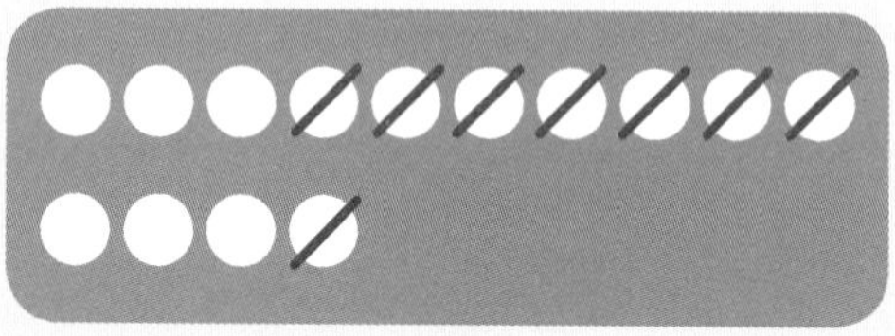

$14-8=\boxed{6}$

❹

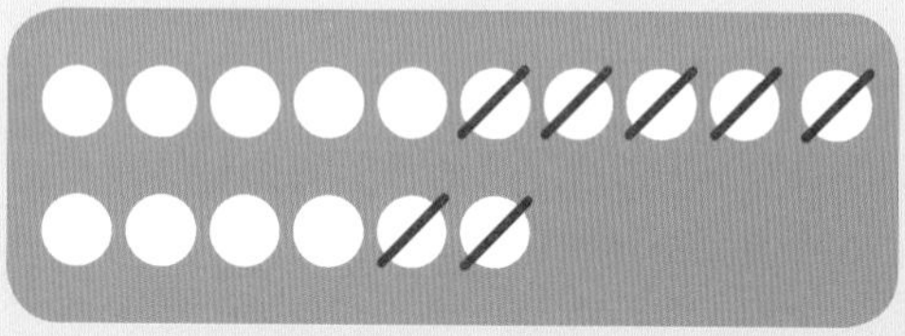

$16-7=\boxed{}$

❺

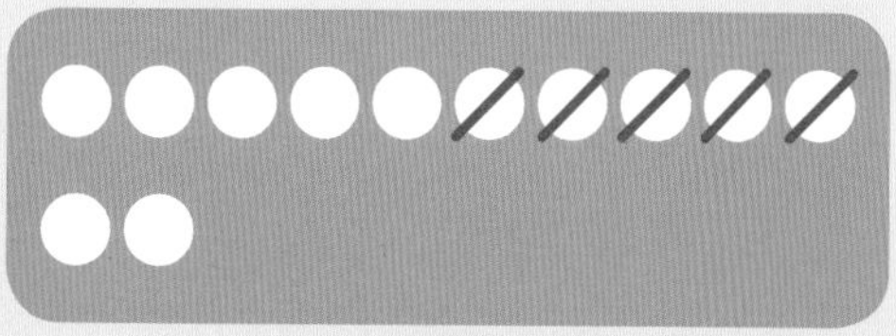

$12-5=\boxed{}$

❻

$11-3=\boxed{}$

● 그림을 보고 빈칸에 알맞은 수를 써넣으시오.

13 − 5 = 8

❶

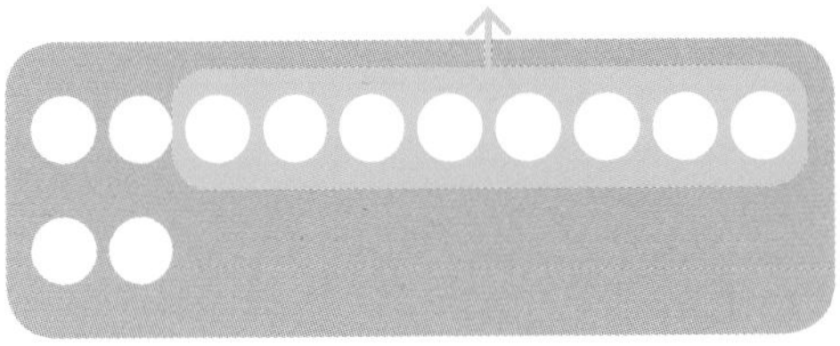

☐ − ☐ = ☐

❷

☐ − ☐ = ☐

❸

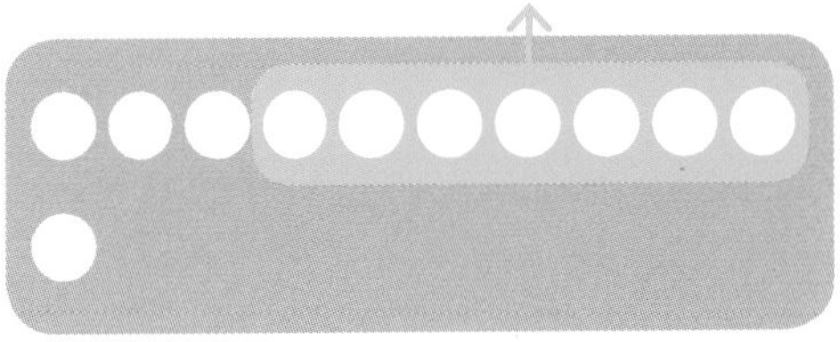

☐ − ☐ = ☐

15 − 9 = 6

❹

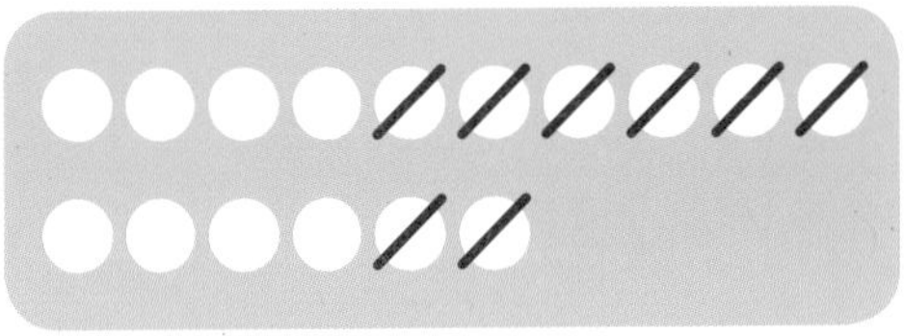

☐ − ☐ = ☐

❺

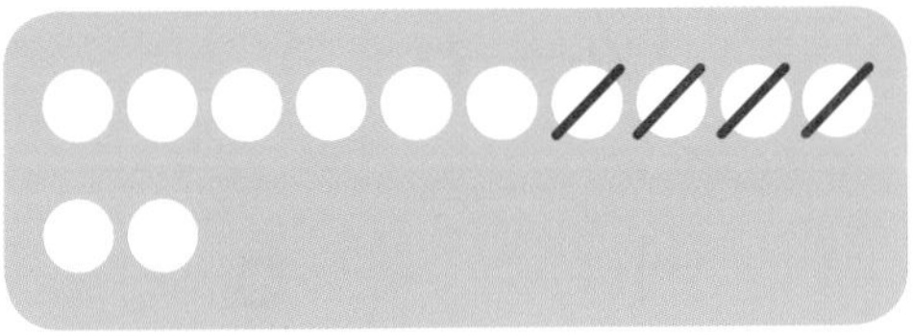

☐ − ☐ = ☐

❻

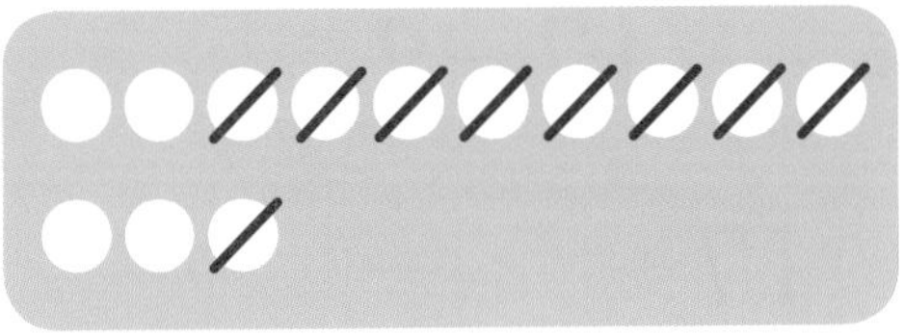

☐ − ☐ = ☐

290 가르기 뺄셈

◐ □ 안에 알맞은 수를 써넣으시오.

12−5

12−[2]−[3]

10−[3]=[7]

15−7

[5]+[10]−7

[5]+3=[8]

❶ 13−4

13−□−□

10−□=□

❷ 11−5

□+□−5

□+5=□

❸ 17−9

17−□−□

10−□=□

❹ 14−6

□+□−6

□+4=□

◆ □ 안에 알맞은 수를 써넣으시오.

14－7＝[7]
14－[4]－3

❶ 11－6＝□
11－□－5

❷ 12－8＝□
12－□－6

❸ 16－8＝□
16－□－2

❹ 13－9＝□
13－□－6

❺ 14－6＝□
14－□－2

13－6＝[7]
3＋[10]－6

❻ 15－9＝□
5＋□－9

❼ 14－8＝□
□＋10－8

❽ 12－4＝□
2＋□－4

❾ 16－7＝□
6＋□－7

❿ 11－3＝□
□＋10－3

291 갈림길

◐ 계산에 맞게 선을 그으시오.

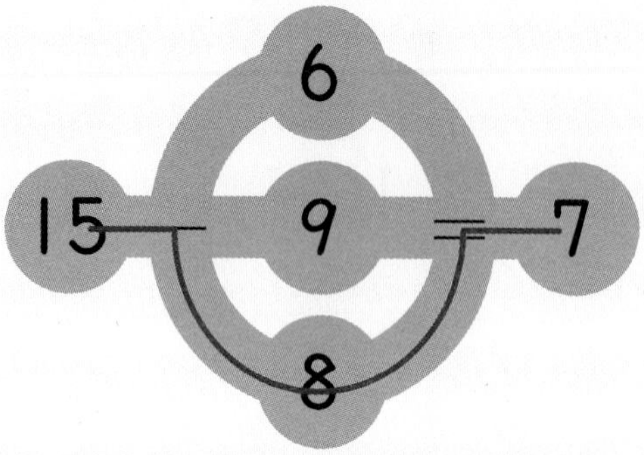

❶

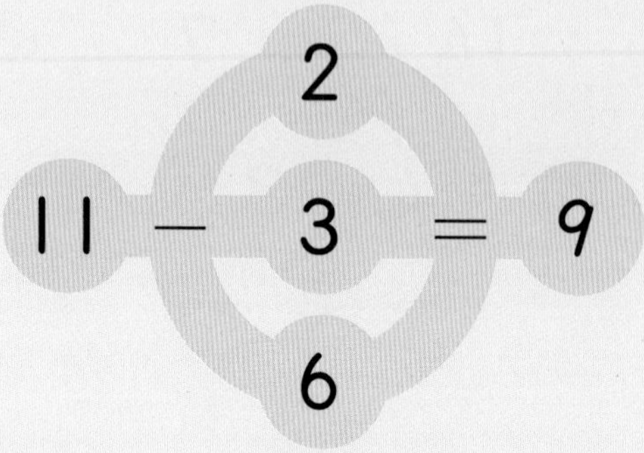

❷

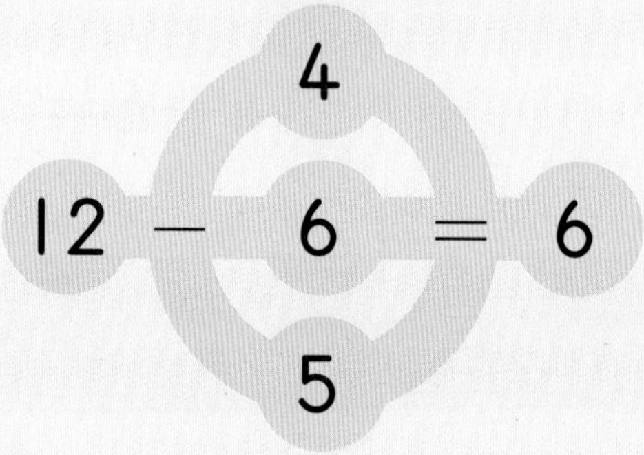

❸

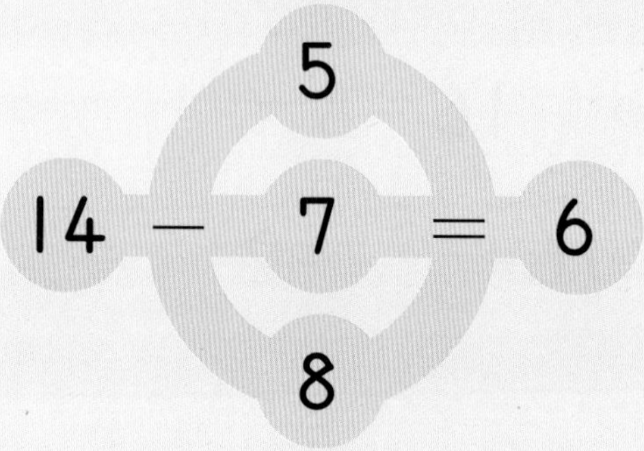

❹

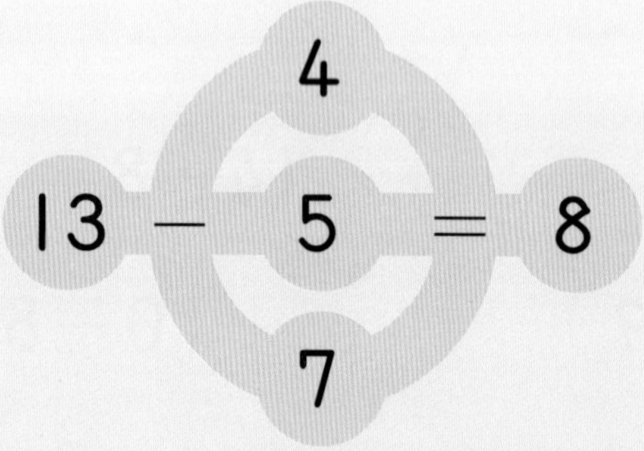

❺

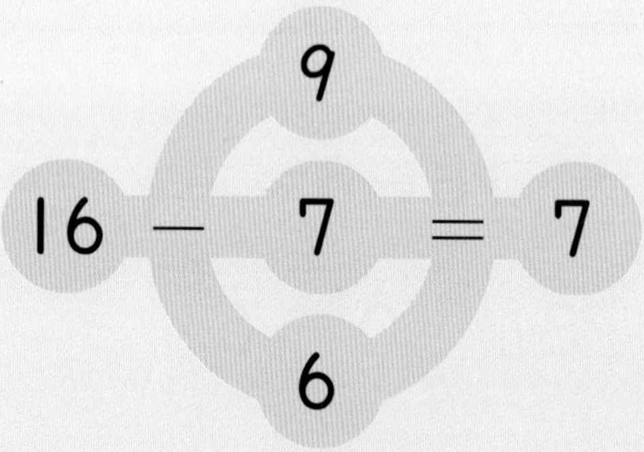

❻

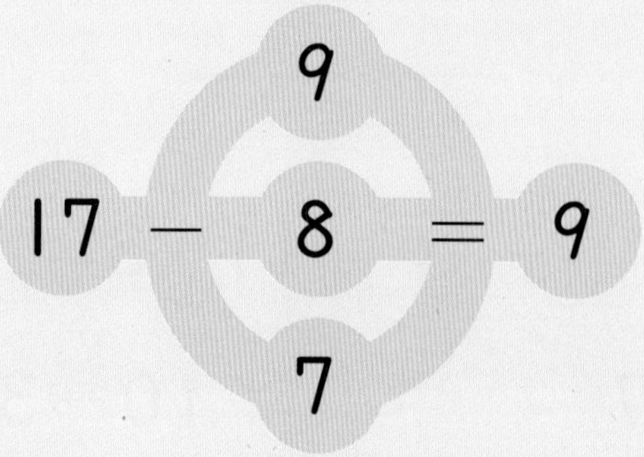

❼

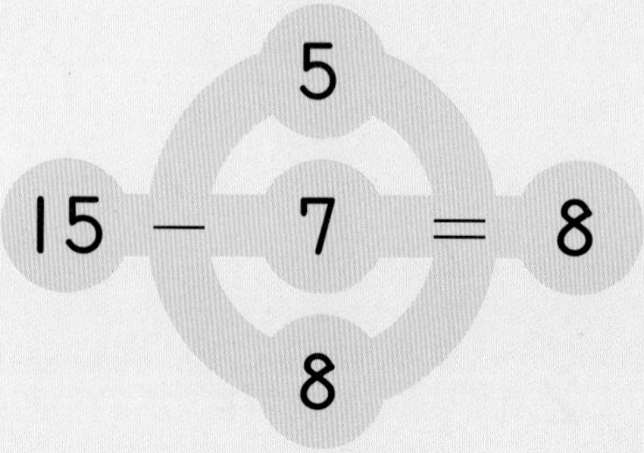

◆ 계산에 맞게 빈칸에 알맞은 수를 써넣으시오.

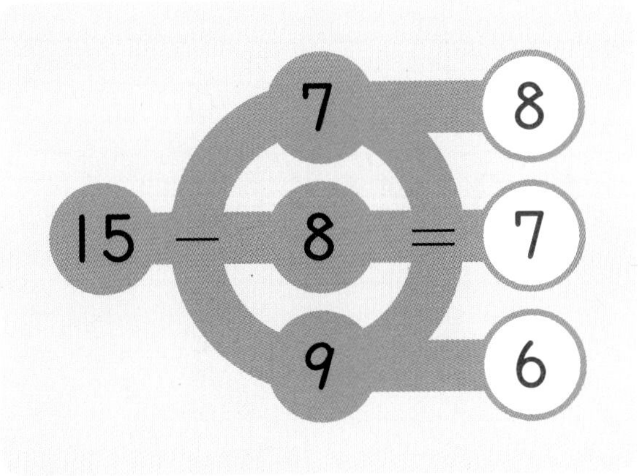

❶
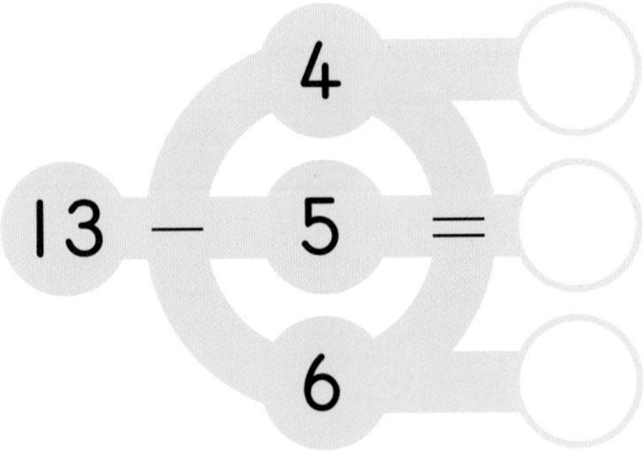

❷
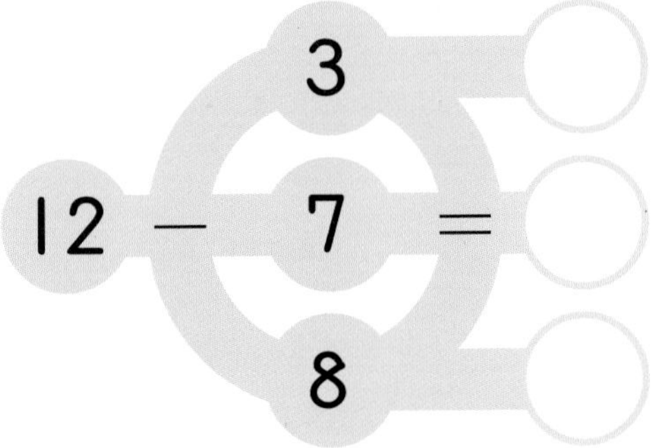

❸
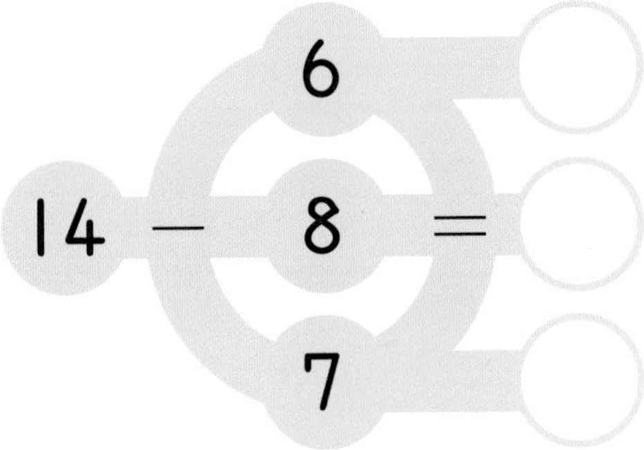

❹
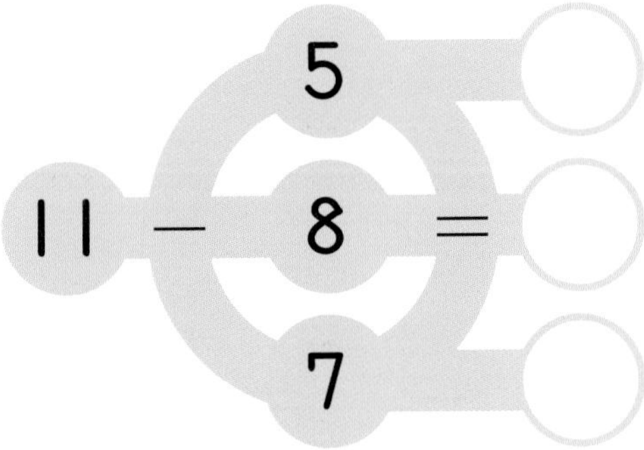

❺
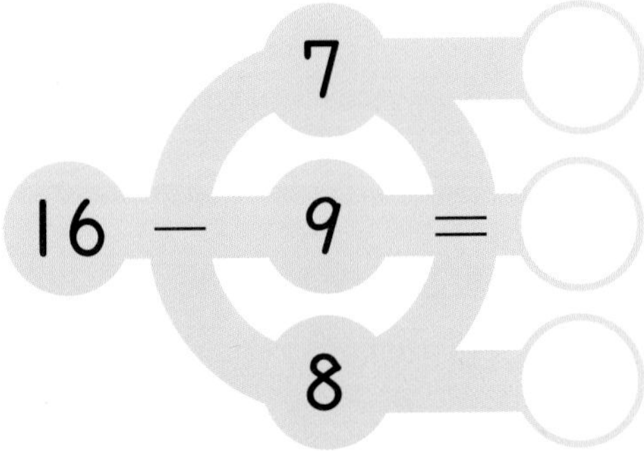

292 숫자 카드 가로셈

◐ 숫자 카드를 모두 사용하여 뺄셈식 두 개를 만드시오.

5 8 1 3 → 1 3 − 5 = 8
1 3 − 8 = 5

❶ 2 5 7 1 → □□ − □ = □
□□ − □ = □

❷ 1 3 4 9 → □□ − □ = □
□□ − □ = □

❸ 7 5 8 1 → □□ − □ = □
□□ − □ = □

❹ 6 1 8 4 → □□ − □ = □
□□ − □ = □

숫자 카드를 모두 사용하여 뺄셈식 두 개를 만드시오.

5	7	2	1	→ 12−5=7, 12−7=5

❶ | 7 | 1 | 9 | 6 | → ______

❷ | 9 | 4 | 3 | 1 | → ______

❸ | 5 | 4 | 9 | 1 | → ______

❹ | 8 | 9 | 7 | 1 | → ______

❺ | 2 | 9 | 3 | 1 | → ______

잘 공부했는지 알아봅시다

월 일

1 □ 안에 알맞은 수를 써넣으시오.

❶ $14-9=\square$

$14-4-\square$

$\square-\square$

❷ $15-7=\square$

$10-7+\square$

$\square+\square$

2 빈칸에 알맞은 수를 써넣으시오.

❶ −9

11	15	13	18

❷ −7

12	15	14	16

3 숫자 카드를 모두 사용하여 뺄셈식을 완성하시오.

1 7 6 3

$\square\square-\square=\square$

$\square\square-\square=\square$

2

□가 있는 뺄셈

293 네모셈

◐ □ 안에 들어갈 수만큼 /로 지우고, 알맞은 수를 써넣으시오.

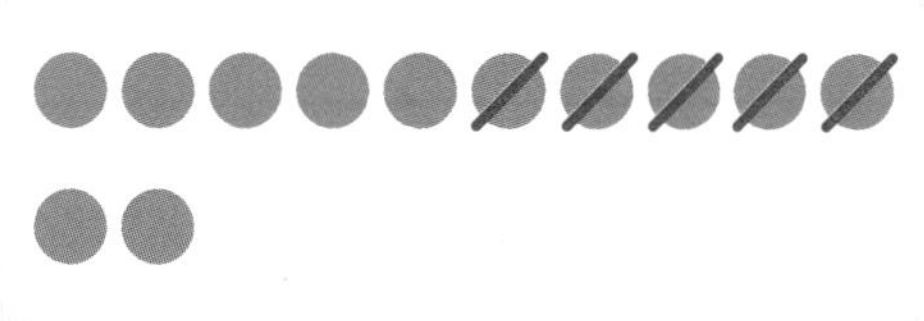

12－ 5 ＝7

❶

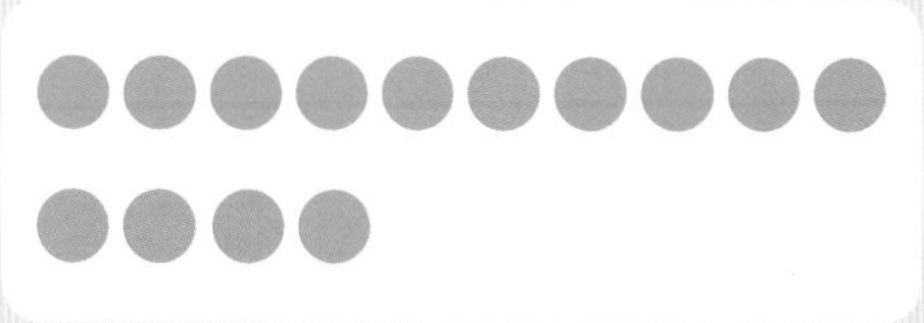

14－□＝6

❷

11－□＝8

❸

13－□＝9

❹

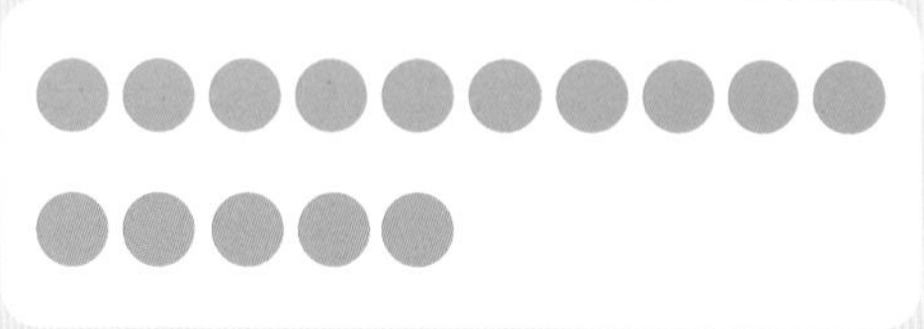

15－□＝9

❺

16－□＝8

❻

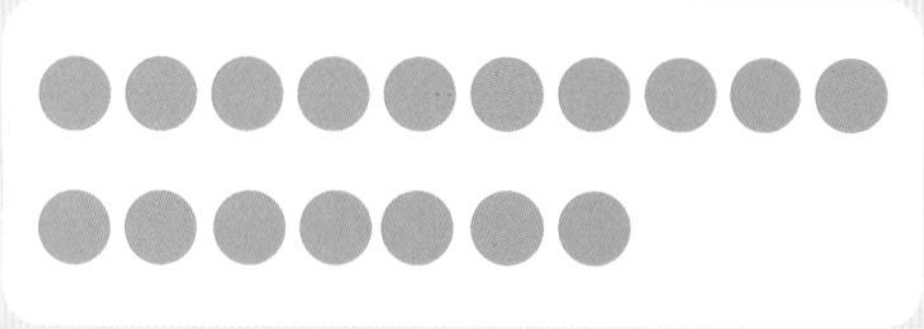

17－□＝8

❼

12－□＝5

월 일

□ 안에 들어갈 수에 ○표 하고, 알맞은 수를 써넣으시오.

(예) 11 − [4] = 7 — 6 ④ 5

❶ 15 − □ = 8 — 7 6 8

❷ 17 − □ = 9 — 2 7 8

❸ □ − 9 = 5 — 11 14 15

❹ □ − 5 = 8 — 13 15 3

❺ □ − 9 = 7 — 12 15 16

(예) [13] − 7 = 6 — 11 ⑬ 12

❻ □ − 8 = 4 — 12 14 4

❼ □ − 9 = 9 — 9 12 18

❽ 15 − □ = 7 — 6 8 9

❾ 11 − □ = 5 — 6 4 7

❿ 14 − □ = 7 — 9 5 7

294 수직선

◐ 수직선을 보고 빈칸에 알맞은 수를 써넣으시오.

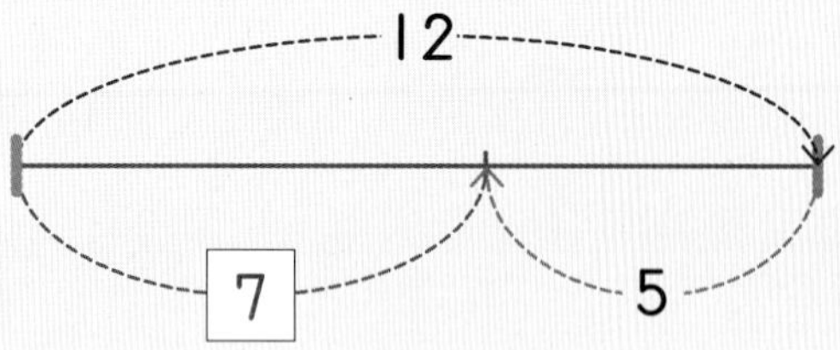

$12-5=$ 7

❶

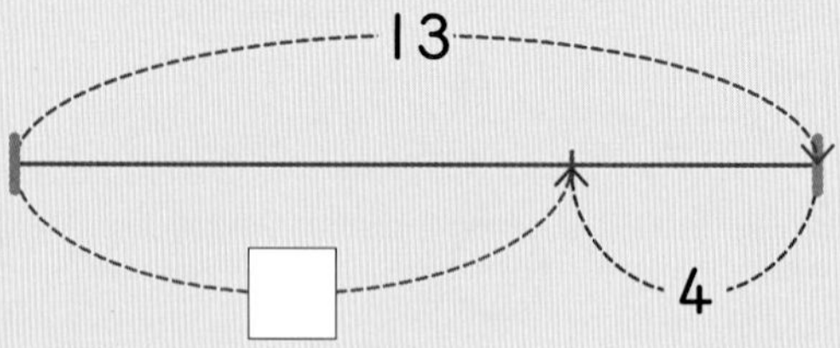

$13-4=$ □

❷

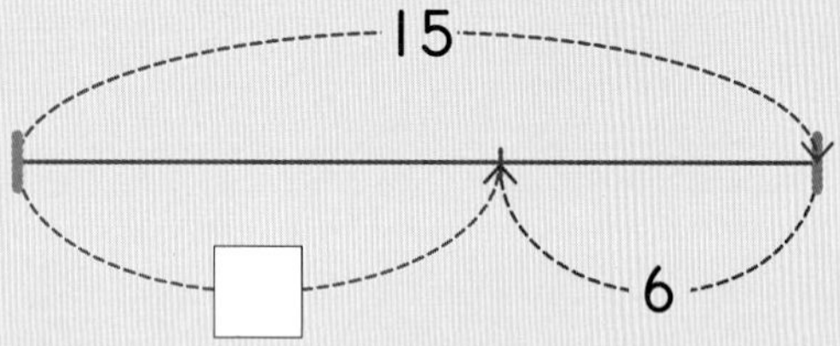

$15-6=$ □

❸

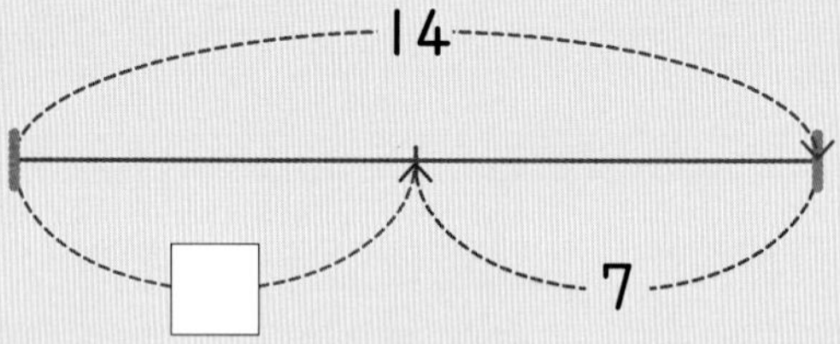

$14-7=$ □

❹

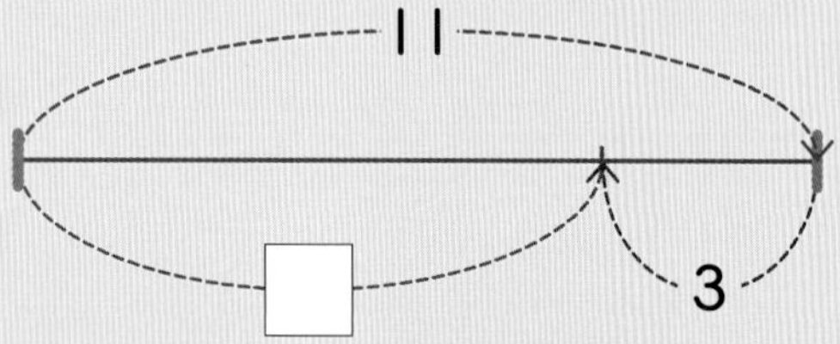

$11-3=$ □

❺

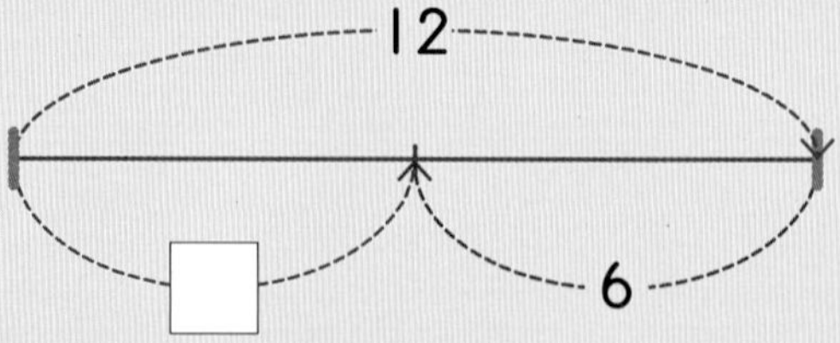

$12-6=$ □

월 일

◆ 수직선을 보고 빈칸에 알맞은 수를 써넣으시오.

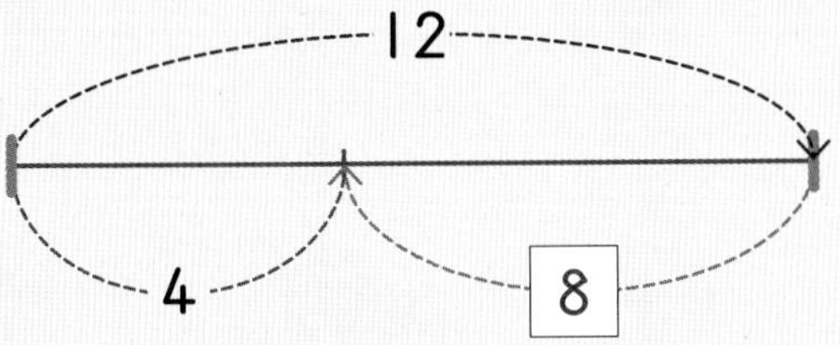

$12 - \boxed{8} = 4$

❶

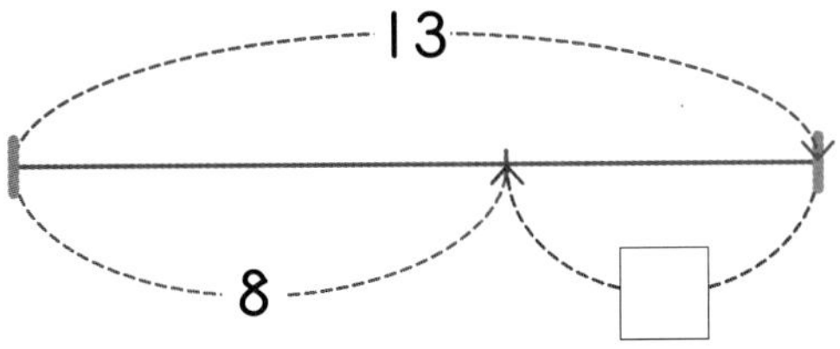

$13 - \square = 8$

❷

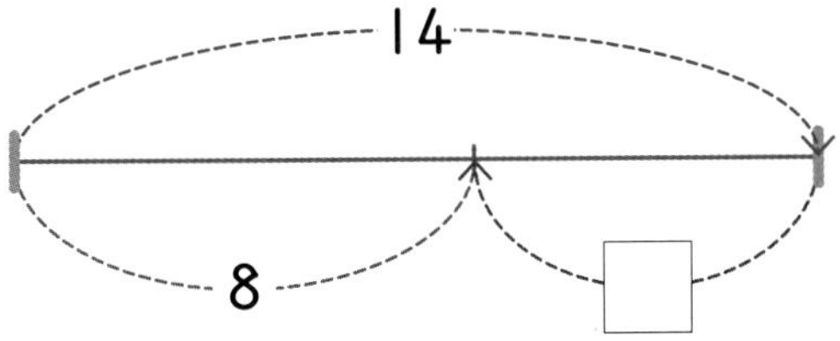

$14 - \square = 8$

❸

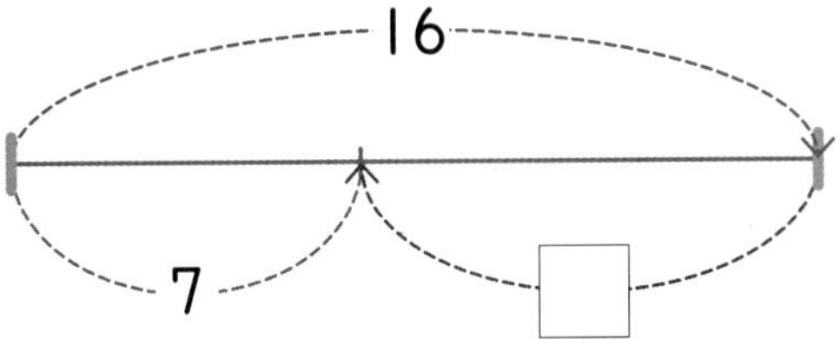

$16 - \square = 7$

❹

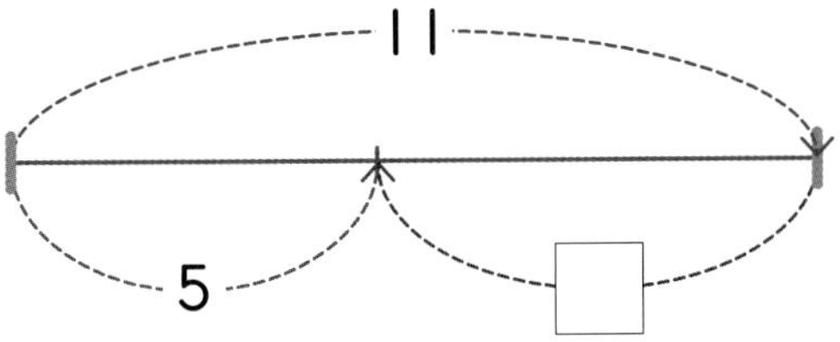

$11 - \square = 5$

❺

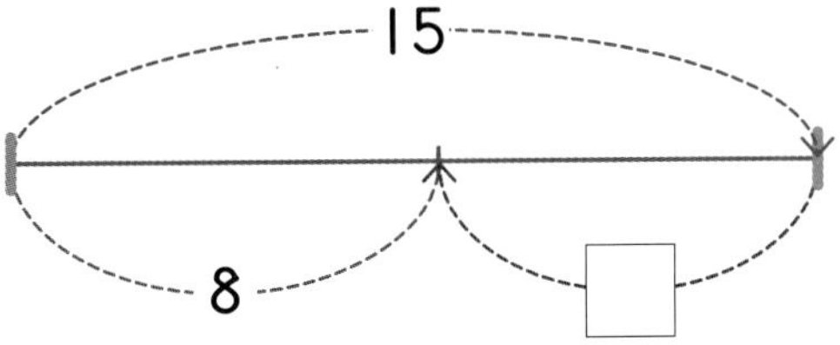

$15 - \square = 8$

295 사탕셈

◐ 위에서 아래로, 왼쪽에서 오른쪽으로 뺄셈을 하시오.

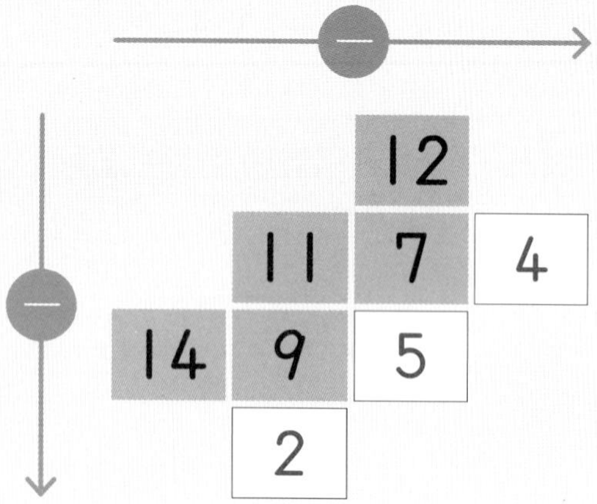

❶

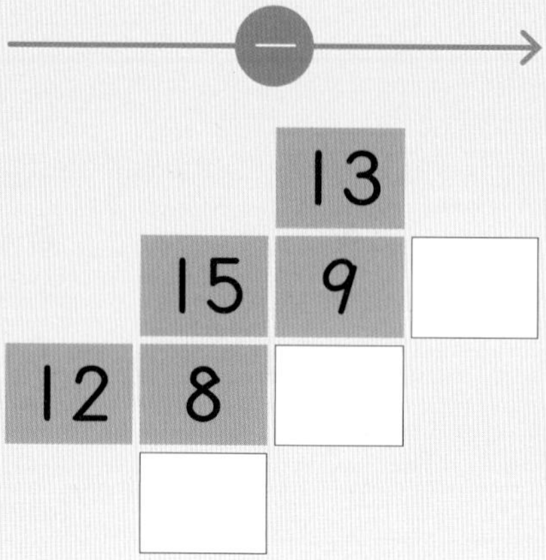

❷

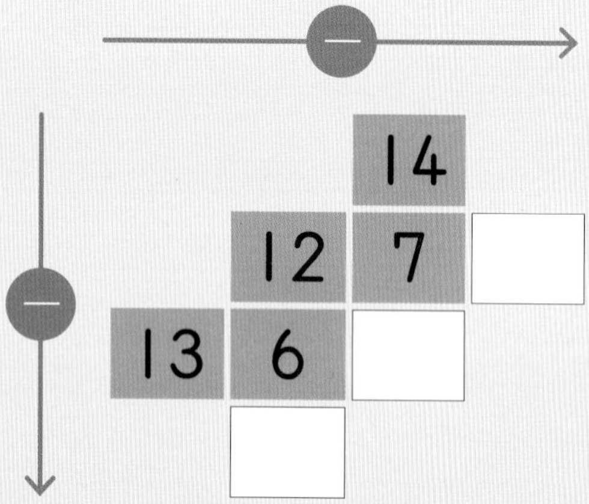

❸

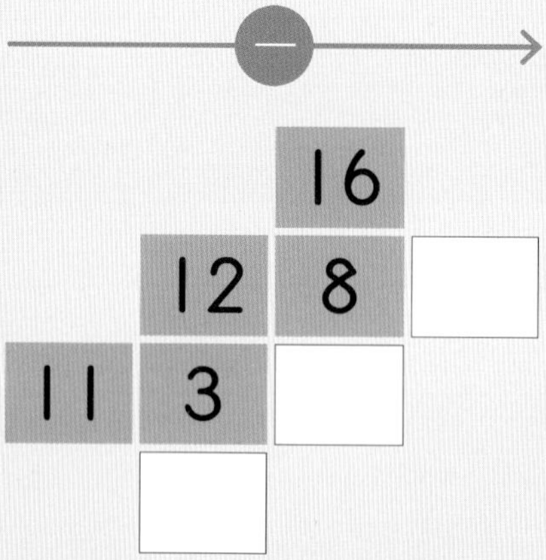

❹

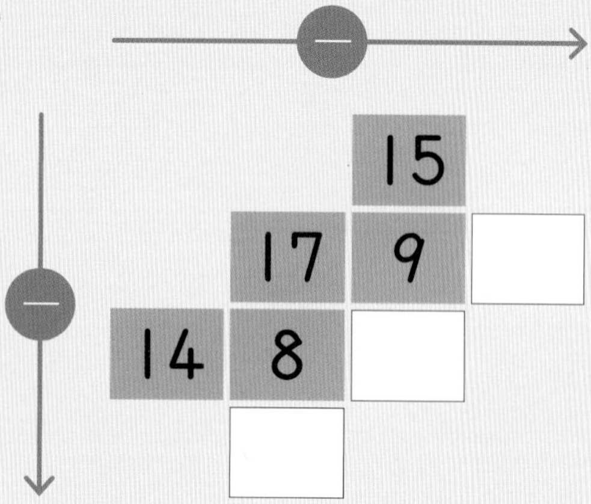

❺

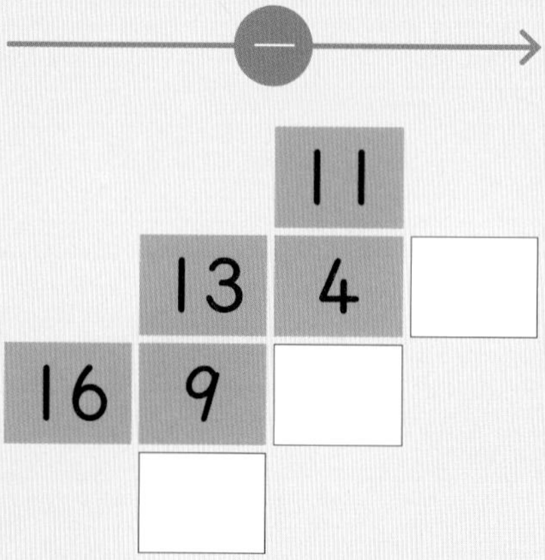

빈칸에 알맞은 수를 써넣으시오.

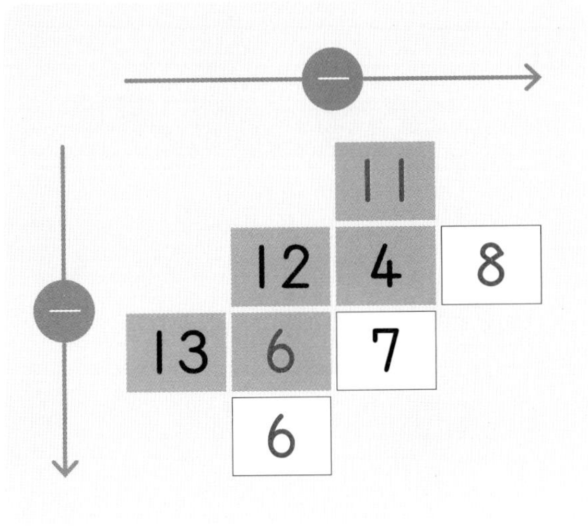

❶

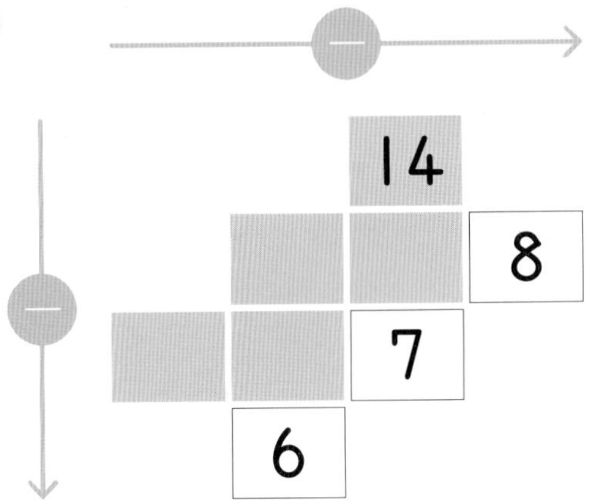

❷

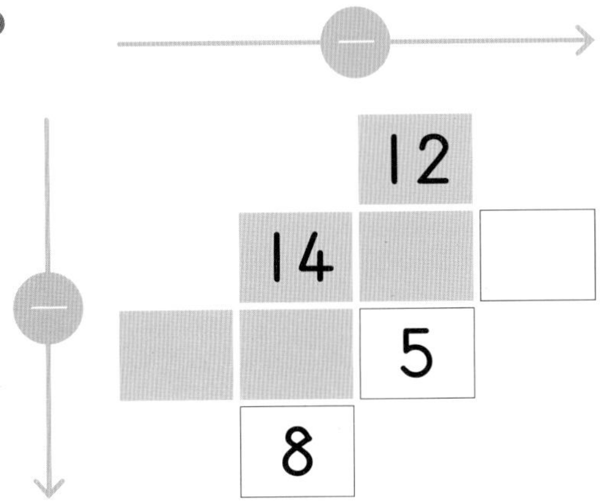

❸

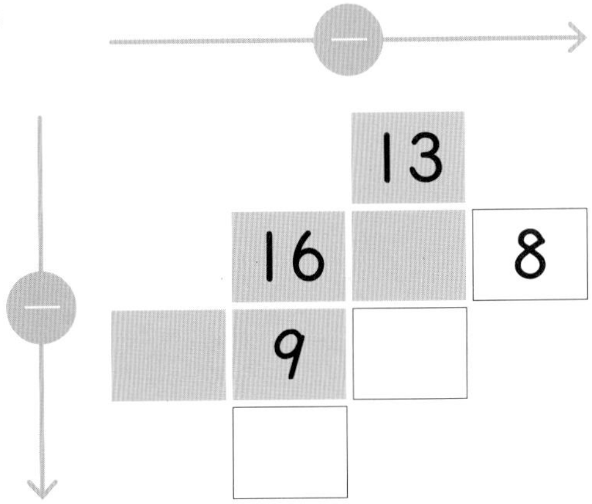

❹

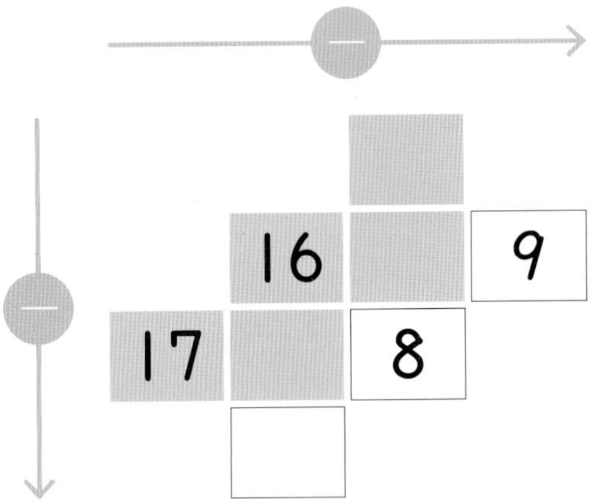

❺

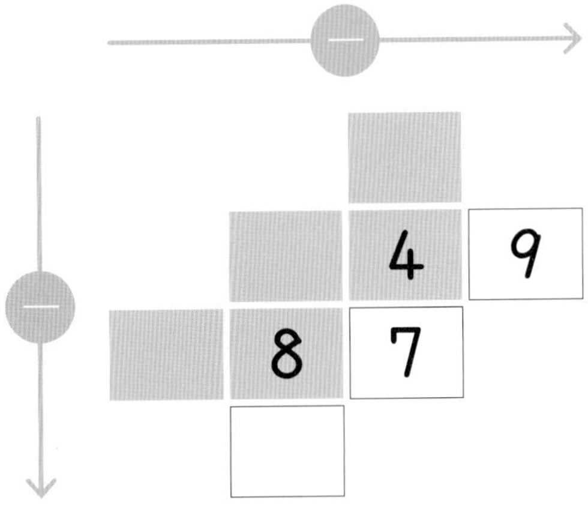

296 뺄셈표

◐ 뺄셈표의 빈칸에 알맞은 수를 써넣으시오.

−	9	7	8
11	2	4	3
13	4	6	5
14	5	7	6

❶

−	8	7	6
12			
14			
15			

❷

−	5	6	9
12			
14			
11			

❸

−	7	9	8
15			
16			
13			

❹

−	4	7	5
13			
11			
12			

❺

−	9	8	7
11			
14			
16			

뺄셈표의 빈칸에 알맞은 수를 써넣으시오.

—	7	6	4
13	6	7	9
11	4	5	7
12	5	6	8

❶

—		5	
	6	7	
14			5
			4

❷

—	9		
16		9	
	6		
14			6

❸

—			6
			7
12		8	
	3		5

❹

—		7	
		7	
12			
13	7		8

❺

—		9	
11	5		4
		5	
	9		

잘 공부했는지 알아봅시다

월　　일

1 □ 안에 알맞은 수를 써넣으시오.

❶ $12-\square=3$　　❷ $\square-7=6$　　❸ $17-\square=8$

2 □ 안에 들어갈 수가 같은 것끼리 선으로 이으시오.

$16-8=\square$　　$12-8=\square$　　$13-7=\square$

$14-\square=6$　　$15-\square=9$　　$11-\square=7$

3 빈칸에 알맞은 수를 써넣으시오.

❶

❷

3 두 수의 차

297 원판셈

298 성문 막기

299 역피라미드

300 두 수 묶기

297 원판셈

◐ 안쪽 수에서 바깥쪽 수를 빼어 빈칸에 알맞은 수를 써넣으시오.

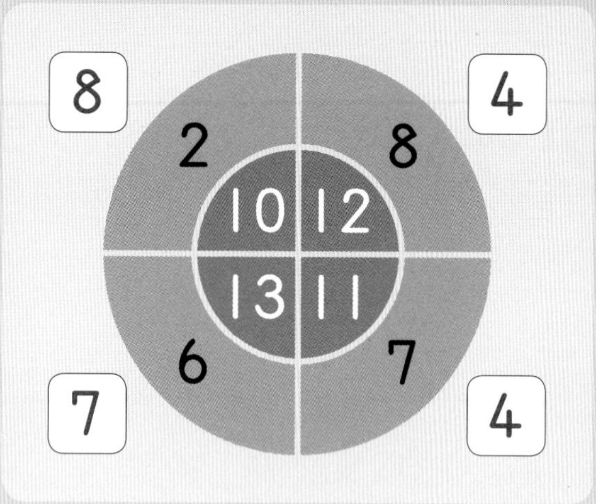

❶

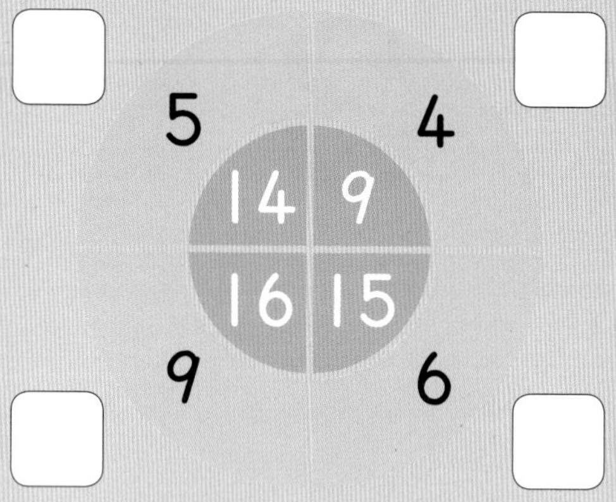

❷

❸

❹

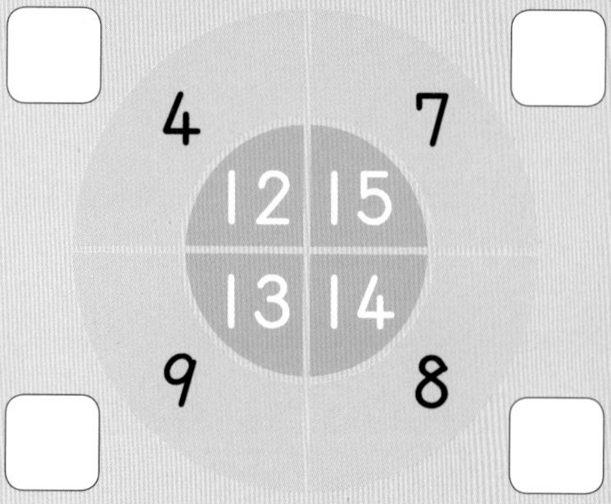

❺

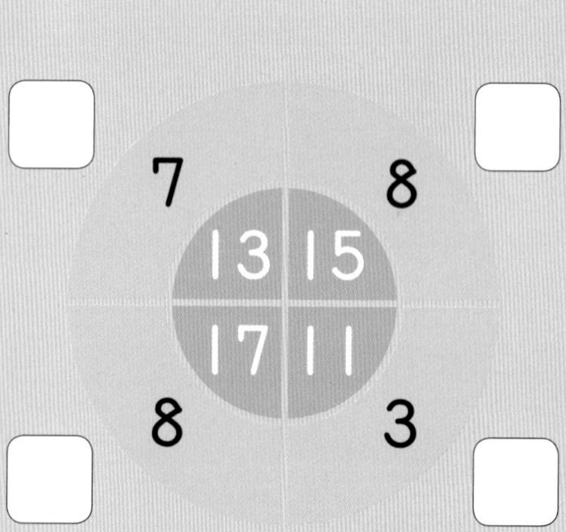

빈칸에 알맞은 수를 써넣으시오.

❶
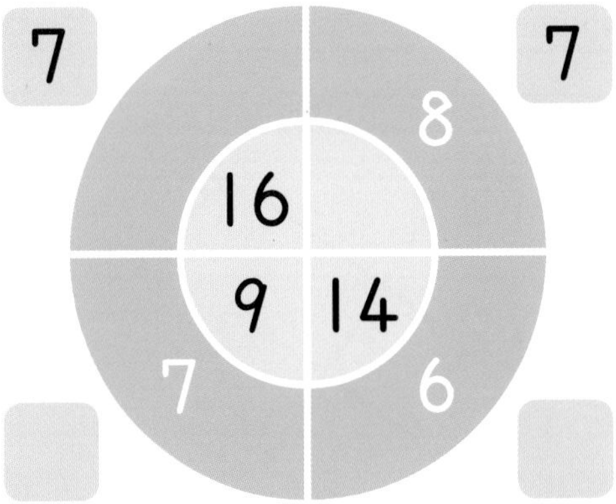

❷
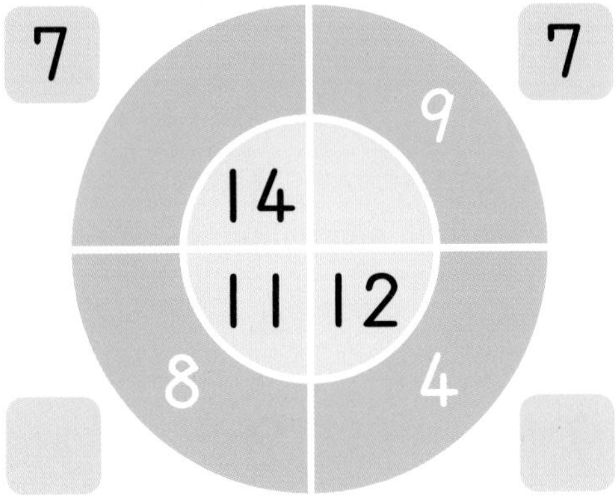

❸
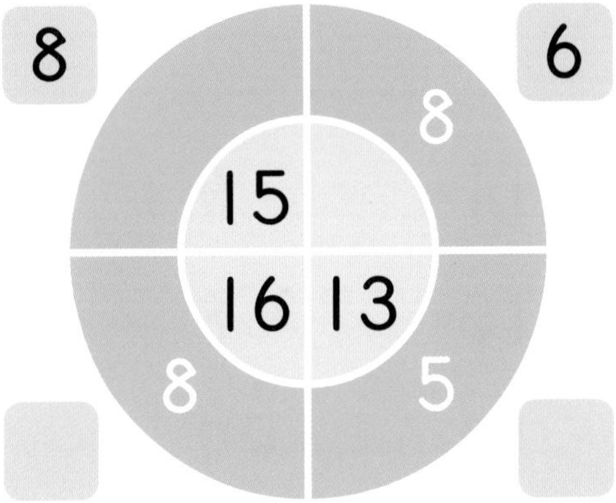

❹
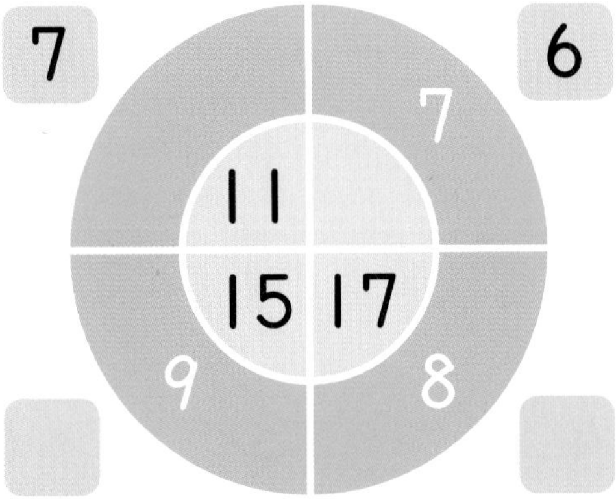

❺
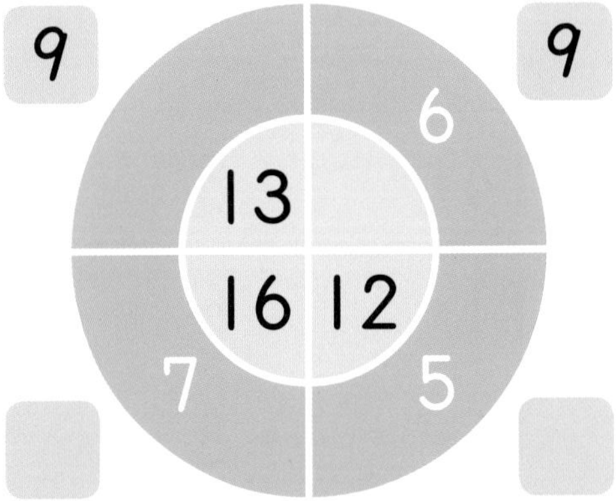

298 성문 막기

◐ 관계 있는 것끼리 선으로 이으시오.

−4

10	8
12	9
13	6

❶ **−2**

11	9
9	7
10	8

❷ **−6**

13	9
15	7
12	6

❸ **−3**

11	9
10	8
12	7

❹ **−5**

14	8
11	6
13	9

❺ **−7**

13	7
14	5
12	6

❻ **−8**

14	3
11	6
16	8

❼ **−9**

13	8
12	3
17	4

❽ **−4**

11	9
12	7
13	8

◆ ○ 안에 알맞은 수를 쓰고 나머지 선 두 개를 그으시오.

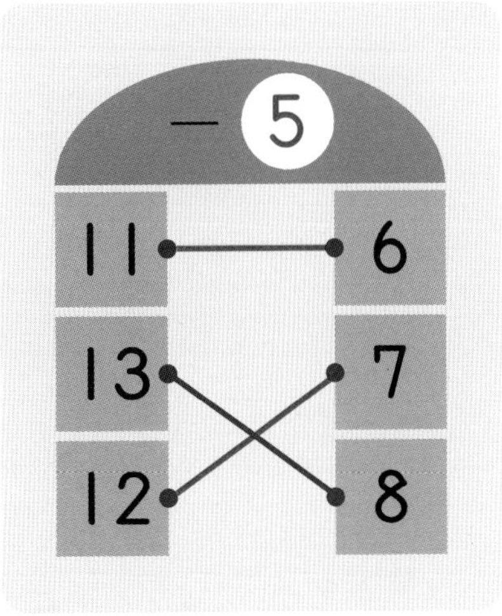

❶

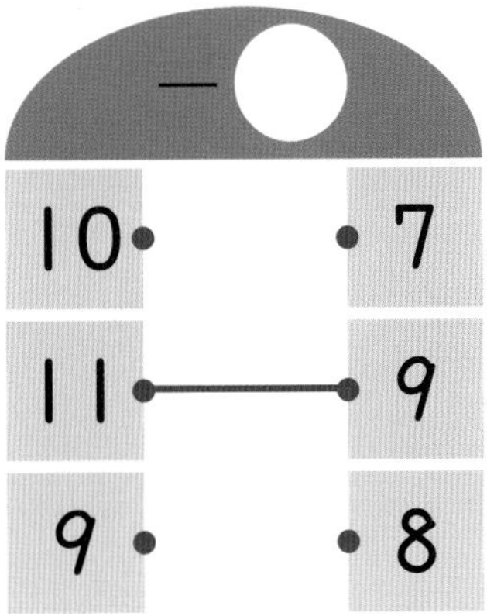

❷

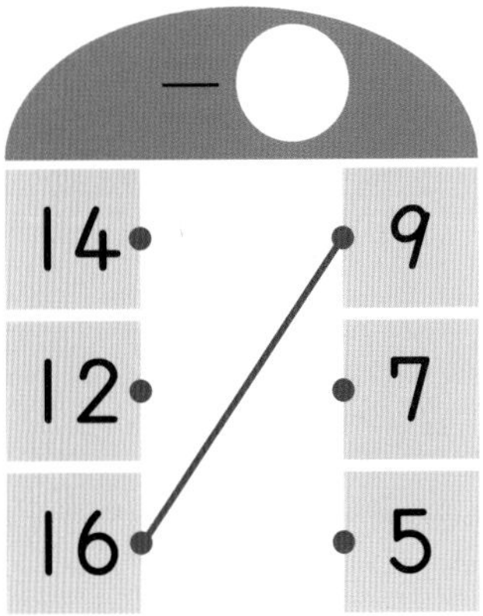

❸

❹

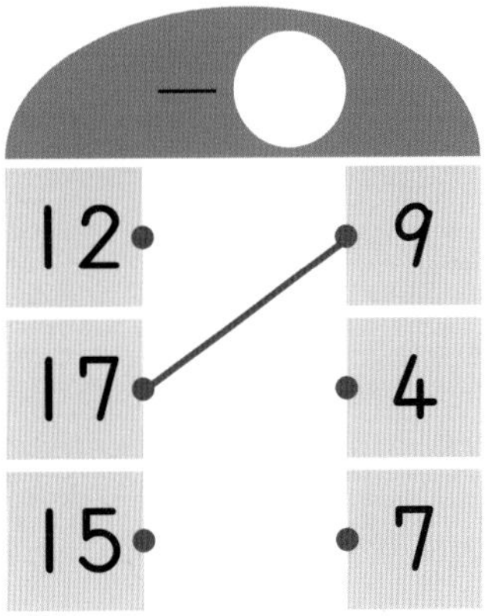

❺

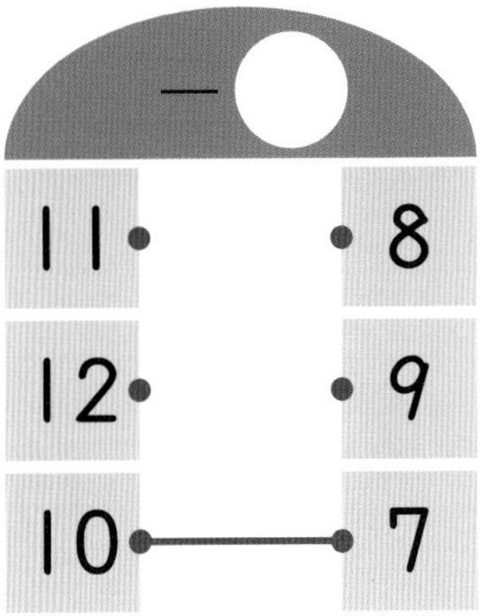

❻

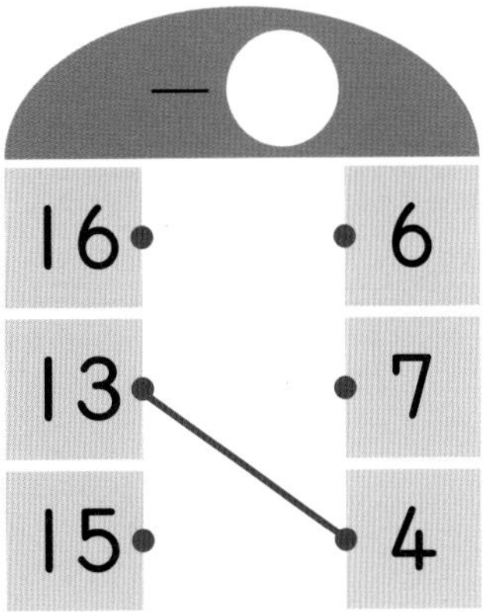

❼

❽

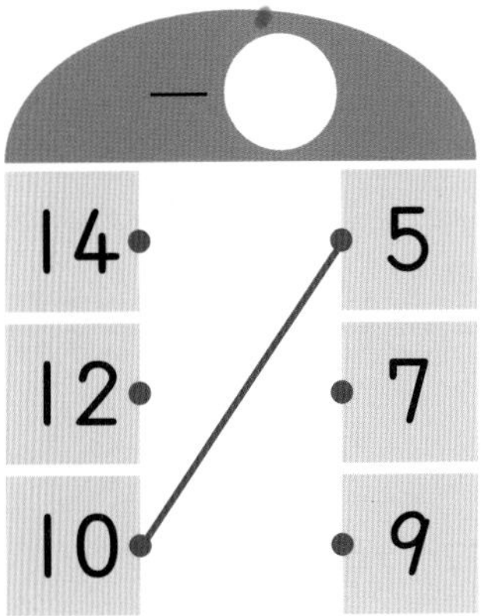

299 역피라미드

◐ 아래의 수는 위 두 수의 차입니다. 빈칸에 알맞은 수를 써넣으시오.

14	5	11
9	6	
3		

❶

16	9	12

❷

11	7	15

❸

13	7	12

❹

17	8	11

❺

13	6	15

❻

12	9	17

❼

15	8	17

❽

11	7	15

❾

12	6	15

❿

13	5	12

⓫

14	9	12

월 일

아래의 수는 위 두 수의 차입니다. 빈칸에 알맞은 수를 써넣으시오.

8	3	7
5	4	
1		

❶

	5	
6	7	

❷

	4	
5	8	

❸

	5	
7	6	

❹

	5	
8	7	

❺

	3	
8	9	

❻

	4	
7	9	

❼

	6	
7	8	

❽

	3	
6	8	

❾

	7	
9	8	

❿

	5	
6	9	

⓫

	6	
9	7	

300 두 수 묶기

◐ ● 안의 수가 차가 되는 두 수를 찾아 ▭ 또는 ▯를 그리시오.

5

14	9
7	15

❶ 4

11	6
7	12

❷ 6

7	14
15	9

❸ 9

4	18
12	9

❹ 3

12	6
9	14

❺ 8

13	5
6	15

❻ 7

5	14
15	8

❼ 2

12	9
5	11

◆ ● 안의 수가 차가 되는 두 수를 찾아 ▭ 또는 ▯를 그리시오.

보기 ● 2

4	12	6
11	9	15

❶ ● 6

8	12	6
13	9	14

❷ ● 5

7	14	8
13	9	16

❸ ● 4

12	8	13
6	15	7

❹ ● 9

9	16	7
15	8	18

❺ ● 3

7	14	8
16	9	12

❻ ● 7

12	7	15
5	13	9

❼ ● 8

6	13	4
11	9	12

잘 공부했는지 알아봅시다

월 일

1 짝지은 두 수의 차를 구하여 빈칸에 써넣으시오.

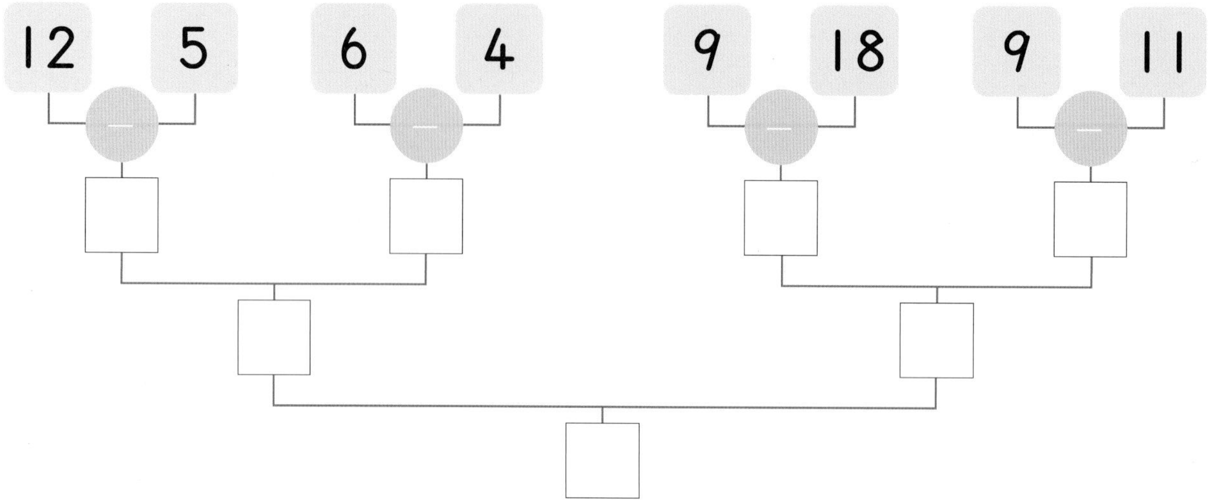

2 차가 7이 되는 두 수를 찾아 ○표 하시오.

11 3 15 7 12 5

3 계산 결과가 큰 것부터 차례로 기호를 쓰시오.

ㄱ $12-4$ ㄴ $13-6$

ㄷ $11-9$ ㄹ $16-7$

4 덧셈구구와 뺄셈구구 (1)

301 관계셈

◐ 덧셈식을 보고 뺄셈식을 두 개 만드시오.

$7+6=13$ → $13-6=7$, $13-7=6$

❶ $9+3=12$

❷ $8+7=15$

❸ $4+7=11$

◐ 뺄셈식을 보고 덧셈식을 두 개 만드시오.

$13-5=8$ → $5+8=13$, $8+5=13$

❹ $12-5=7$

❺ $15-6=9$

❻ $14-8=6$

● 주어진 수를 사용하여 덧셈식과 뺄셈식을 각각 두 개씩 만드시오.

5 11 6

$5 + 6 = 11$

$6 + 5 = 11$

$11 - 5 = 6$

$11 - 6 = 5$

❶ 8 12 4

□ + □ = □

□ + □ = □

□ − □ = □

□ − □ = □

❷ 9 13 4

□ + □ = □

□ + □ = □

□ − □ = □

□ − □ = □

❸ 8 17 9

□ + □ = □

□ + □ = □

□ − □ = □

□ − □ = □

❹ 8 14 6

□ + □ = □

□ + □ = □

□ − □ = □

□ − □ = □

302 선잇기

◐ □ 안에 들어갈 수가 같은 것끼리 선으로 이으시오.

$9+\square=15$	5	$12-\square=5$
$8+\square=13$	6	$15-\square=9$
$6+\square=13$	7	$11-\square=6$

❶

$9+\square=12$	4	$13-\square=9$
$7+\square=11$	8	$11-\square=8$
$8+\square=16$	3	$14-\square=6$

❷

$7+\square=16$	2	$14-\square=5$
$9+\square=11$	9	$13-\square=8$
$7+\square=12$	5	$11-\square=9$

◆ □ 안에 들어갈 수가 같은 것끼리 선으로 이으시오.

11－□＝7	14－□＝9	13－□＝6
8＋□＝13	7＋□＝14	8＋□＝12

❶

12－□＝9	15－□＝7	14－□＝8
8＋□＝11	7＋□＝13	9＋□＝17

❷

17－□＝8	13－□＝8	11－□＝9
6＋□＝11	4＋□＝13	8＋□＝10

303 두 색깔 양궁

◐ 화살이 ▭에 꽂히면 점수를 더하고, ▭에 꽂히면 점수를 뺍니다. 점수를 구하는 식을 쓰고 빈칸에 알맞은 수를 써넣으시오.

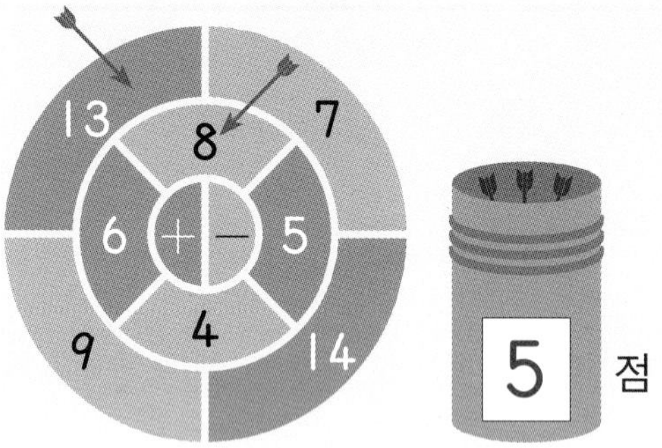

13−8=5

❶

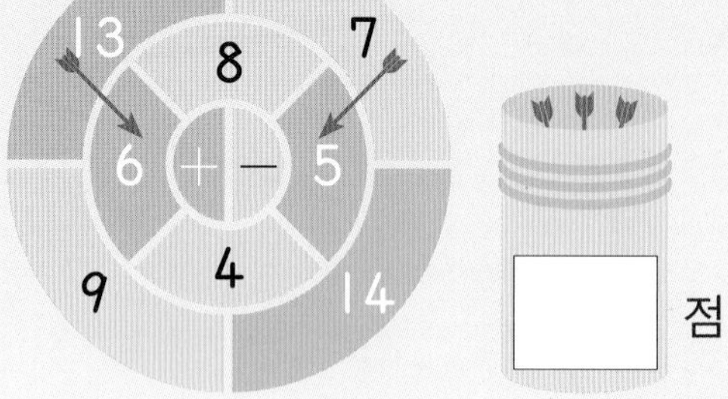

❷

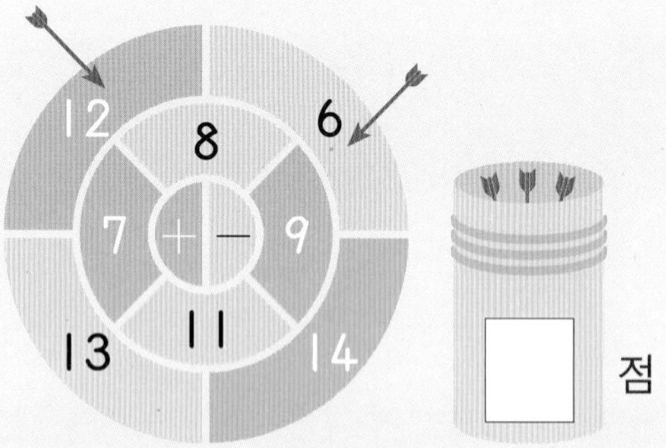

❸

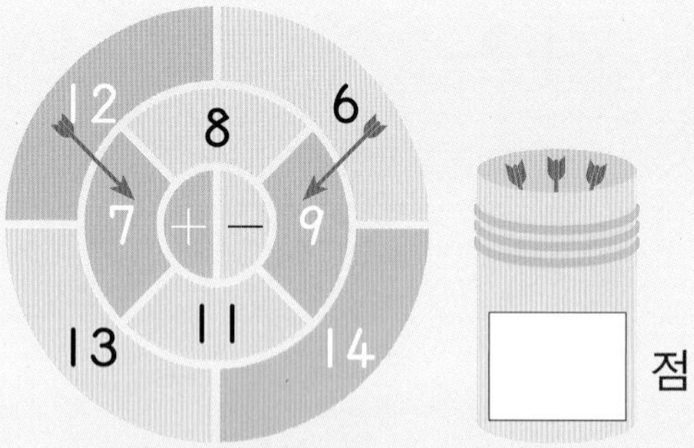

❹

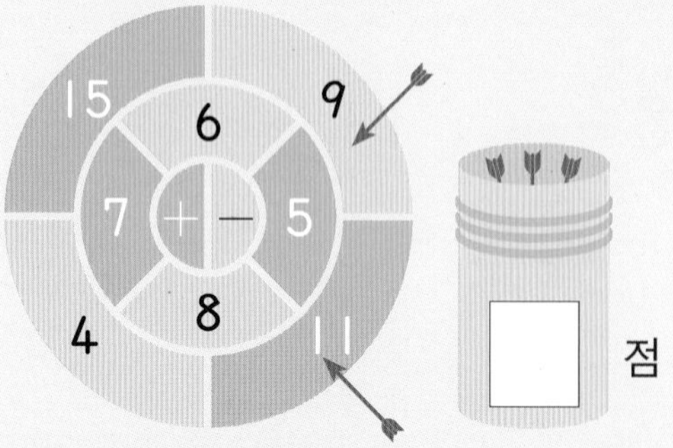

❺

월 일

⊕ 점수에 맞게 화살 두 개를 그리시오.

❶

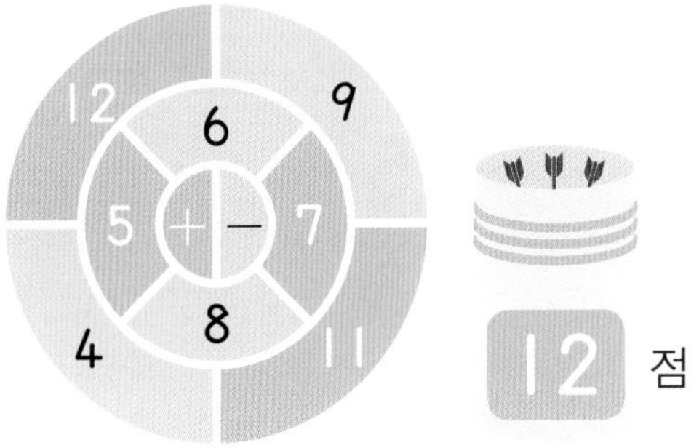

❷

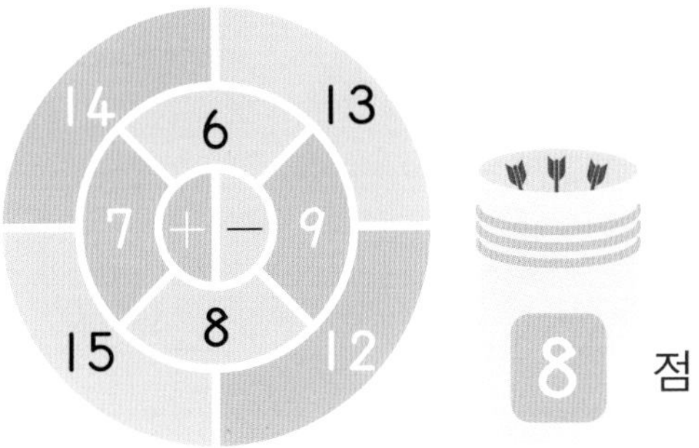

❸

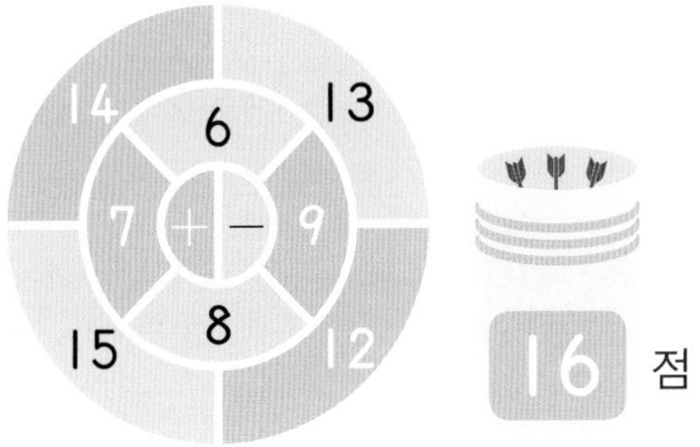

❹

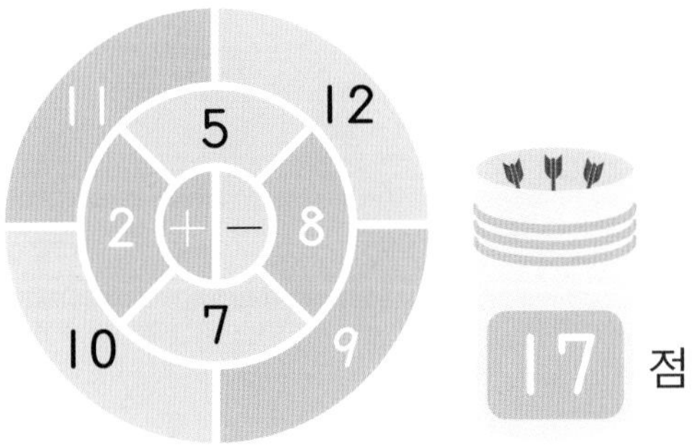

❺

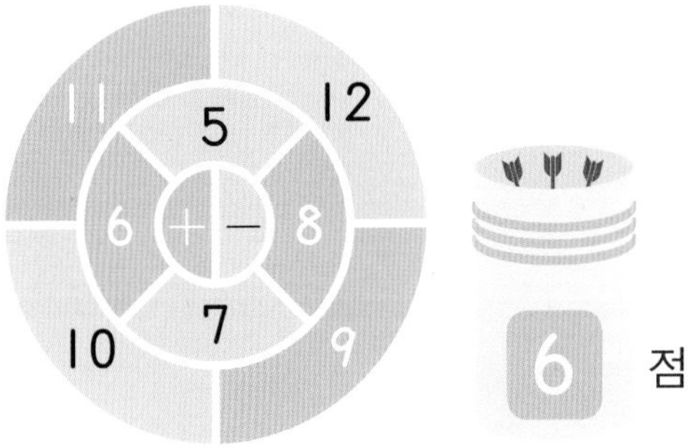

304 카드 관계셈

◐ 숫자 카드를 모두 사용하여 덧셈식 또는 뺄셈식을 완성하시오.

3 5 1 8

$$\begin{array}{r} 5 \\ +\ 8 \\ \hline 13 \end{array} \qquad \begin{array}{r} 8 \\ +\ 5 \\ \hline 13 \end{array}$$

❶ 6 5 1 9

$$\begin{array}{r} \square\square \\ -\ \square \\ \hline \square \end{array} \qquad \begin{array}{r} \square\square \\ -\ \square \\ \hline \square \end{array}$$

❷ 1 4 8 2

$$\begin{array}{r} \square \\ +\ \square \\ \hline \square\square \end{array} \qquad \begin{array}{r} \square \\ +\ \square \\ \hline \square\square \end{array}$$

❸ 3 1 2 9

$$\begin{array}{r} \square\square \\ -\ \square \\ \hline \square \end{array} \qquad \begin{array}{r} \square\square \\ -\ \square \\ \hline \square \end{array}$$

❹ 9 1 7 8

$$\begin{array}{r} \square \\ +\ \square \\ \hline \square\square \end{array} \qquad \begin{array}{r} \square \\ +\ \square \\ \hline \square\square \end{array}$$

❺ 1 6 8 4

$$\begin{array}{r} \square\square \\ -\ \square \\ \hline \square \end{array} \qquad \begin{array}{r} \square\square \\ -\ \square \\ \hline \square \end{array}$$

숫자 카드를 모두 사용하여 덧셈식과 뺄셈식을 각각 두 개씩 만들어 보시오.

$7 + 9 = 16$ $9 + 7 = 16$ [9] [6] [7] [1] $16 - 7 = 9$ $16 - 9 = 7$

❶ □ + □ = □□ □ + □ = □□ [1] [6] [7] [3] □□ − □ = □ □□ − □ = □

❷ □ + □ = □□ □ + □ = □□ [5] [7] [1] [2] □□ − □ = □ □□ − □ = □

❸ □ + □ = □□ □ + □ = □□ [4] [5] [9] [1] □□ − □ = □ □□ − □ = □

잘 공부했는지 알아봅시다

월 일

1 □ 안에 공통으로 들어가는 수를 구하시오.

□$-8=4$이면

$4+8=$□입니다.

2 수 카드 15, 9, 6 을 사용하여 덧셈식과 뺄셈식을 각각 두 개씩 만드시오.

□$+$□$=$□　　□$-$□$=$□

□$+$□$=$□　　□$-$□$=$□

3 두 개의 판에 화살을 쏘고 있습니다. 화살에 꽂힌 곳에 쓰여 있는 수만큼 동그라미 판에서는 점수를 얻고, 네모판에서는 점수를 잃습니다. 영민이와 진호 중 누가 더 높은 점수를 얻었습니까?

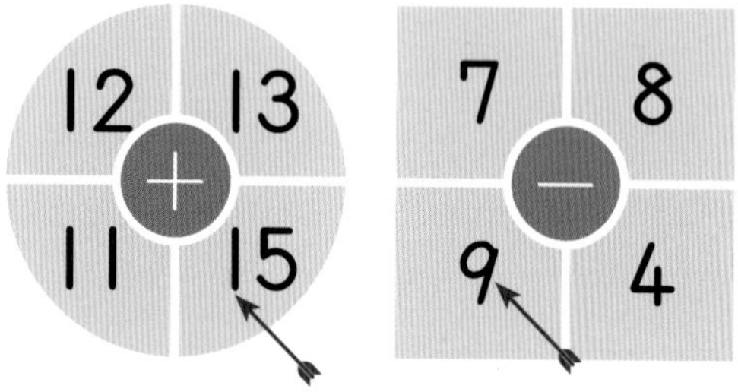

영민

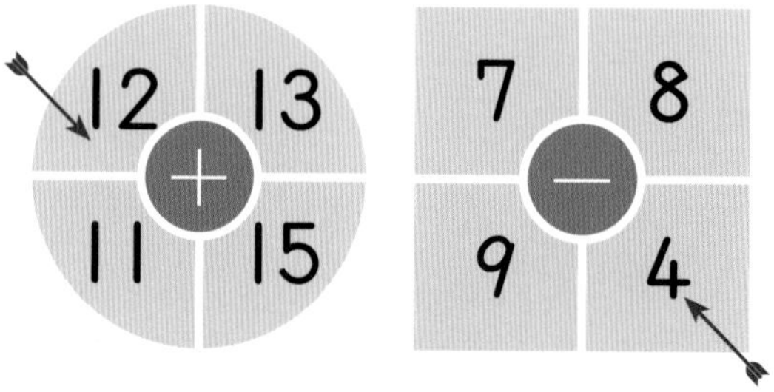

진호

5

덧셈구구와 뺄셈구구 (2)

305 창문셈

◐ 덧셈, 뺄셈을 하여 빈칸에 알맞은 수를 써넣으시오.

8	+	5	=	13
+				−
4				4
=				=
12	−	3	=	9

❶

11	−	2	=	
−				+
4				3
=				=
	+		=	

❷

5	+	7	=	
+				−
9				6
=				=
	−		=	

❸

12	−	6	=	
−				+
7				8
=				=
	+		=	

❹

13	−	4	=	
−				+
8				3
=				=
	+		=	

❺

6	+	5	=	
+				−
8				3
=				=
	−		=	

◆ 빈칸에 알맞는 수 또는 +, −를 써넣으시오.

7	+	6	=	13
+				−
8				7
=				=
15	−	9	=	6

❶

8			=	12
+				
7				
=				=
			=	7

❷

	−	7	=	
−				+
9				5
=				=
			=	11

❸

	−	9	=	
−				+
7				7
=				=
8			=	

❹

5			=	14
=				=
12	−	5	=	

❺

	−	5	=	9
−				
6				
=				=
	+	9	=	

306 써클셈

◐ ◯ 안에 알맞은 수를 써넣으시오.

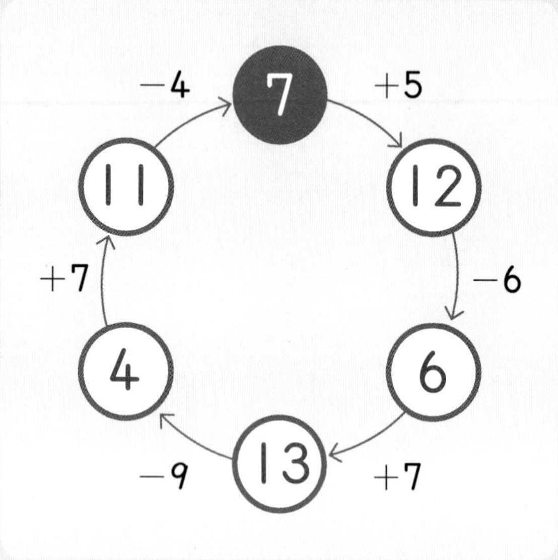

❶

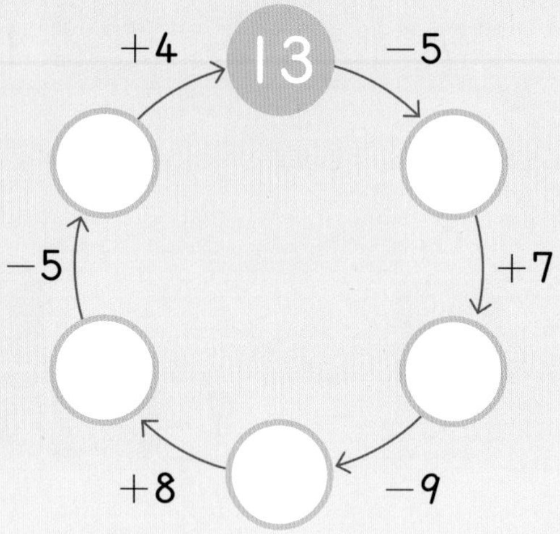

❷

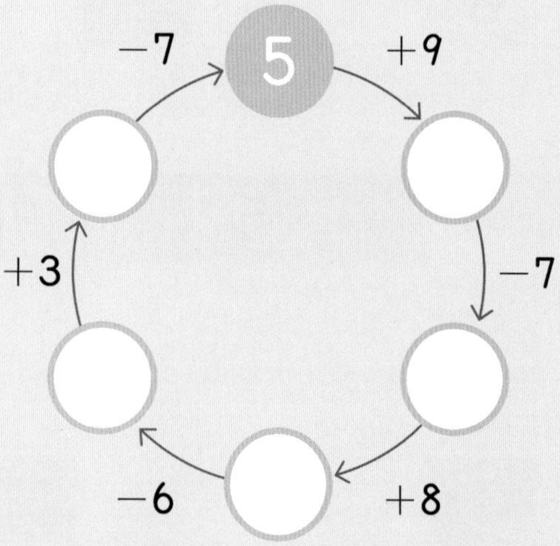

❸

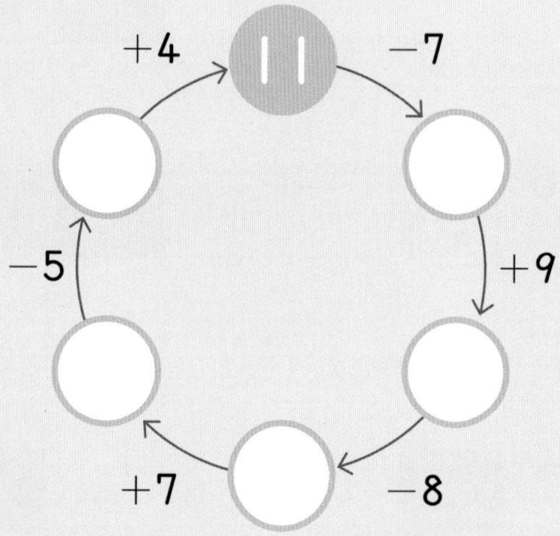

◆ 빈칸을 알맞게 채우시오.

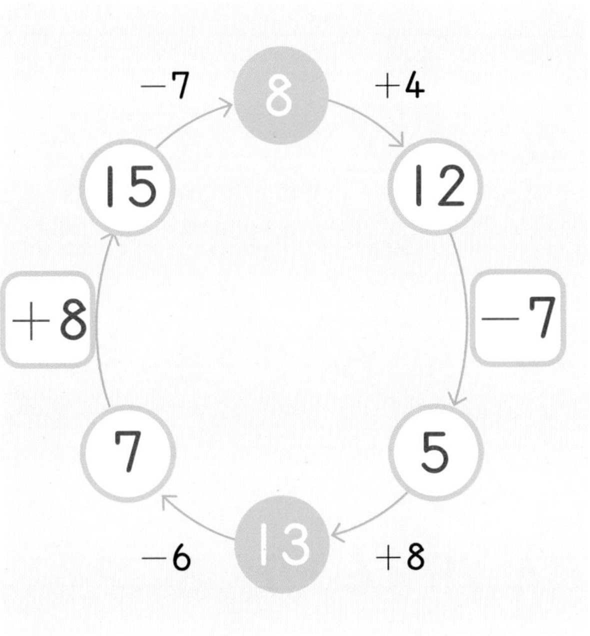

❶

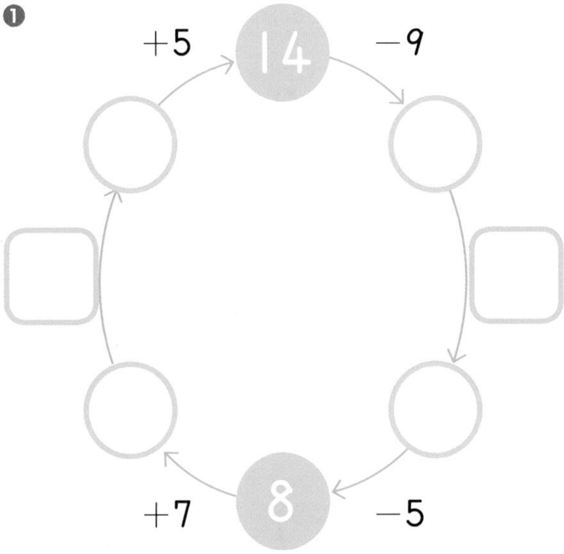

❷

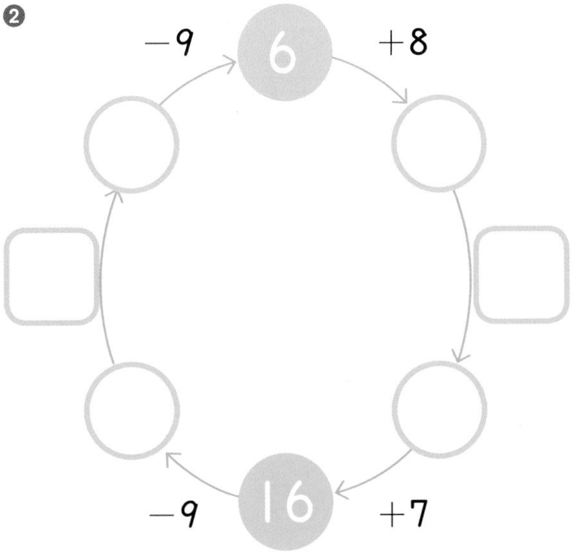

❸

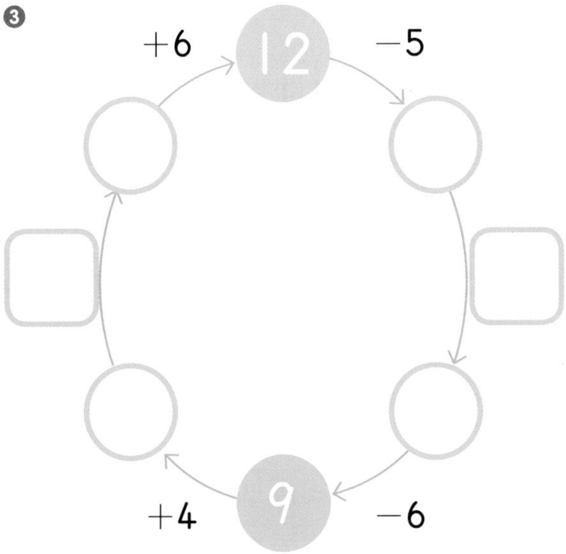

307 대소셈

◐ □ 안에 들어갈 수 있는 수에 모두 ○표 하시오.

$6+\square<13$ ① ② ③ ④ ⑤ ⑥ 7 8 9

❶ $5+\square>11$ 1 2 3 4 5 6 7 8 9

❷ $12-\square<7$ 1 2 3 4 5 6 7 8 9

❸ $11-\square>5$ 1 2 3 4 5 6 7 8 9

❹ $3+\square<11$ 1 2 3 4 5 6 7 8 9

❺ $8+\square>12$ 1 2 3 4 5 6 7 8 9

❻ $13-\square<9$ 1 2 3 4 5 6 7 8 9

월 일

⊕ 1에서 9까지의 수 중에서 □ 안에 들어갈 수 있는 수를 모두 쓰고, 가장 큰 수에 ○표 하시오.

$8+\square<14$ 1 2 3 4 ⑤

❶ $14-\square>7$

❷ $9+\square<17$

⊕ 1에서 9까지의 수 중에서 □ 안에 들어갈 수 있는 수를 모두 쓰고, 가장 작은 수에 △표 하시오.

$8+\square>11$ 4(△) 5 6 7 8 9

❸ $13-\square<7$

❹ $7+\square>12$

308 합차 두 수

◐ 두 수의 합과 차를 빈칸에 써넣으시오.

	합	두 수	차
(보기)	14	11 3	8
❶		9 7	
❷		12 5	
❸		8 5	
❹		13 4	
❺		8 7	
❻		14 5	
❼		9 6	
❽		13 6	
❾		7 6	
❿		11 8	
⓫		7 5	

월 일

✤ 합과 차에 맞게 두 수를 구하여 큰 수부터 써넣으시오.

합	두 수		차
11	8	3	5

❶ 합 14, 차 2: ☐ ☐

❷ 합 19, 차 5: ☐ ☐

❸ 합 16, 차 2: ☐ ☐

❹ 합 18, 차 8: ☐ ☐

❺ 합 11, 차 3: ☐ ☐

❻ 합 18, 차 4: ☐ ☐

❼ 합 13, 차 3: ☐ ☐

❽ 합 18, 차 6: ☐ ☐

❾ 합 13, 차 5: ☐ ☐

❿ 합 17, 차 5: ☐ ☐

⓫ 합 11, 차 1: ☐ ☐

잘 공부했는지 알아봅시다

월 일

1 □ 안에 들어갈 수 있는 수 중 가장 큰 수를 구하시오.

$$6 + \square < 12$$

2 같은 모양에는 같은 수가, 다른 모양에는 다른 수가 들어갑니다. 빈칸에 알맞은 수를 써넣으시오.

❶ $\square + \bigcirc = 11$

$\square - \bigcirc = 3$

❷ $\square + \bigcirc = 16$

$\square - \bigcirc = 2$

3 영빈이와 다혜는 수 카드를 1장씩 가지고 있습니다. 두 사람이 가진 카드에 적힌 수를 더하면 13이고, 영빈이가 가진 카드에 적힌 수에서 다혜가 가진 카드에 적힌 수를 빼면 3입니다. 영빈이와 다혜가 가진 수 카드에 적힌 수는 각각 얼마입니까?

영빈 : ______ 다혜 : ______

6 세 수의 덧셈과 뺄셈

309 사다리 타기

◐ 빈칸에 알맞은 수를 써넣으시오.

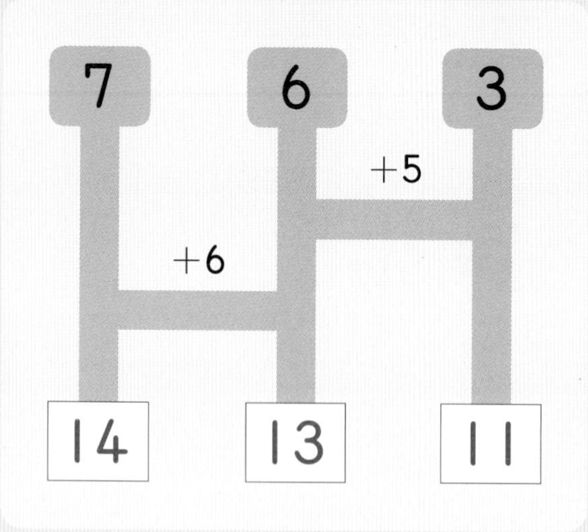

❶
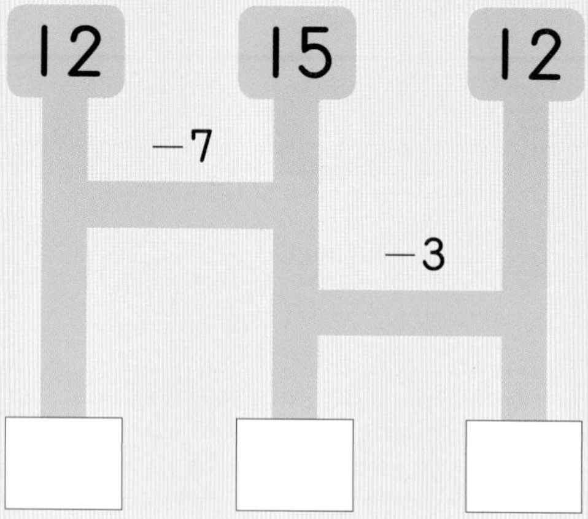

❷
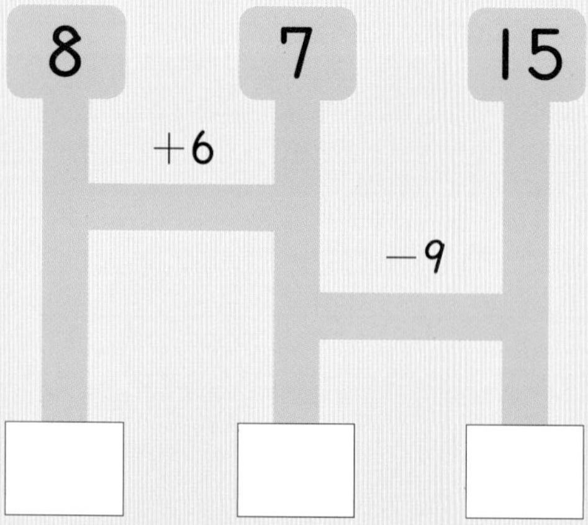

❸
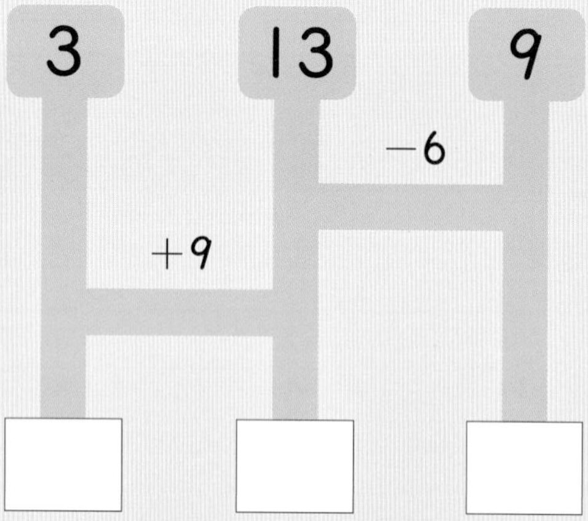

❹
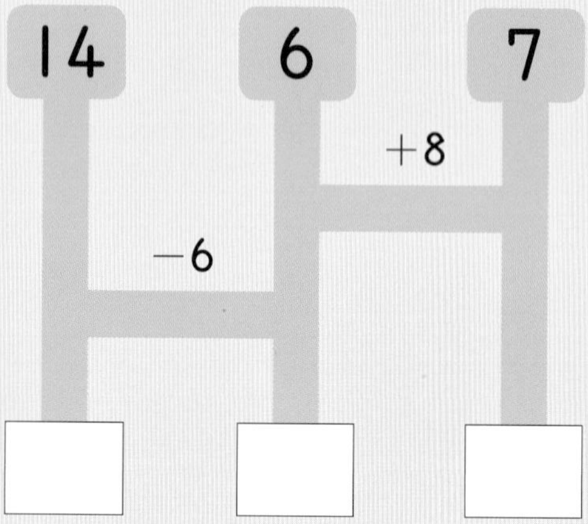

❺
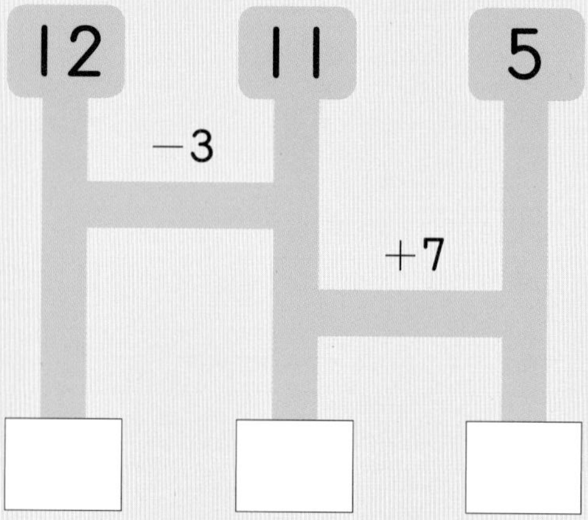

빈칸에 알맞은 수를 써넣으시오.

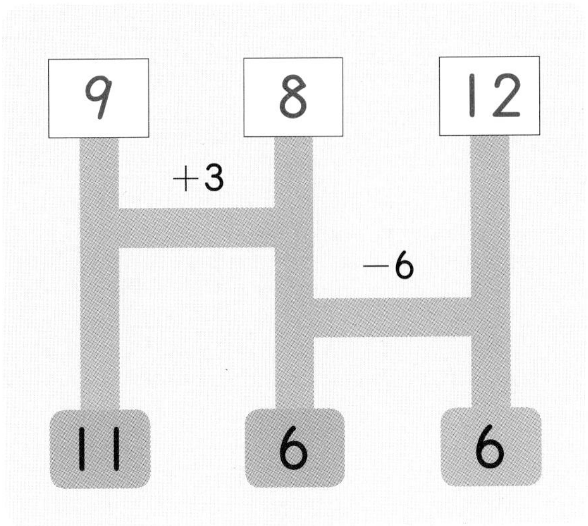

❶

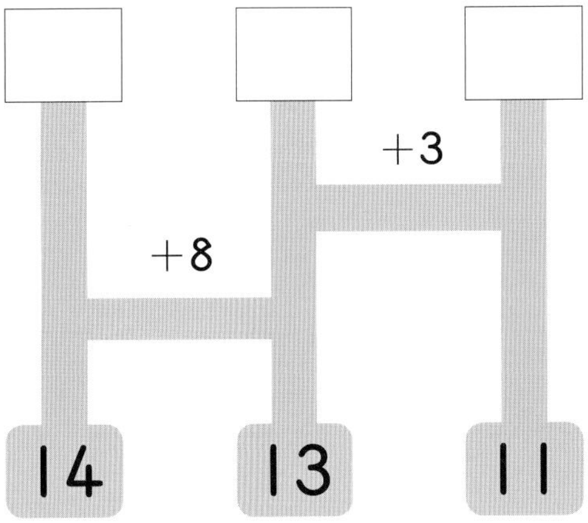

❷

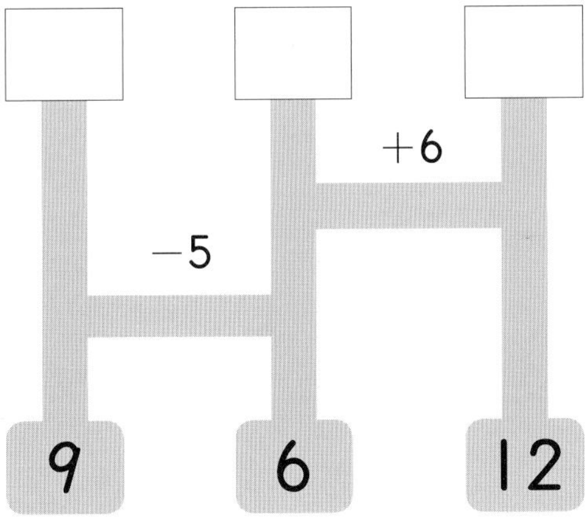

❸

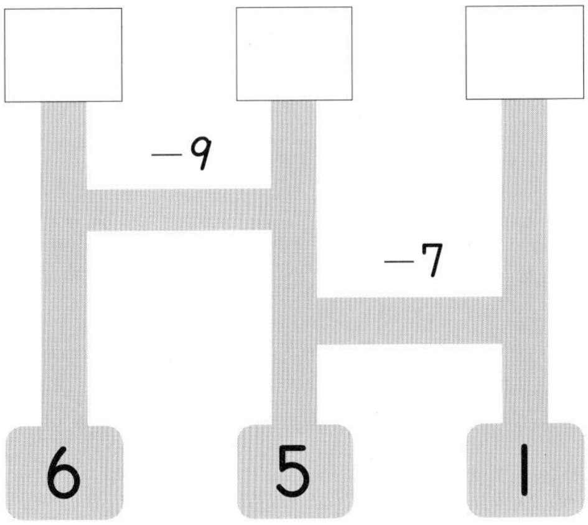

❹

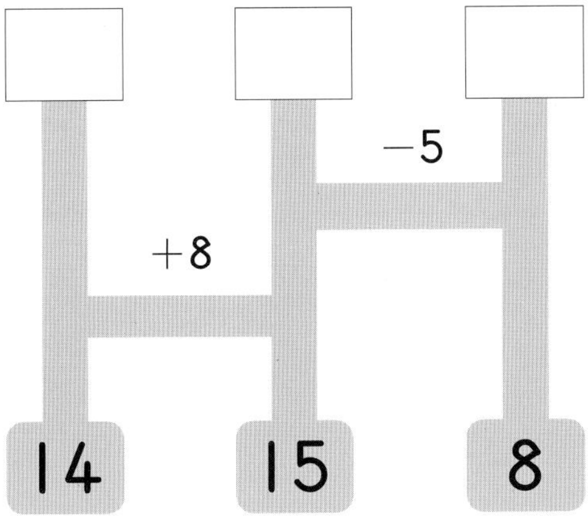

❺

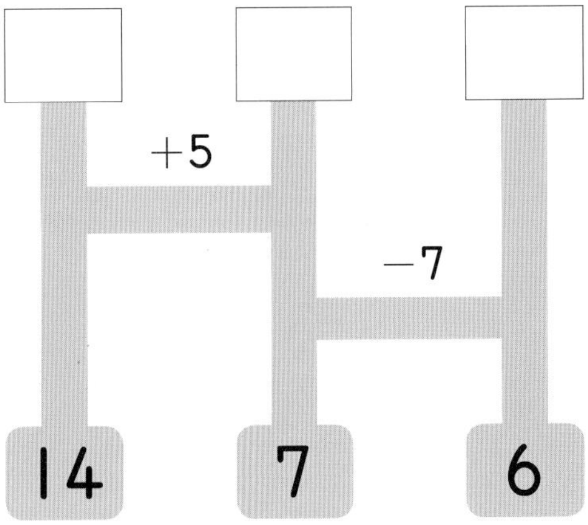

거꾸로셈

◐ 빈칸을 알맞게 채우시오.

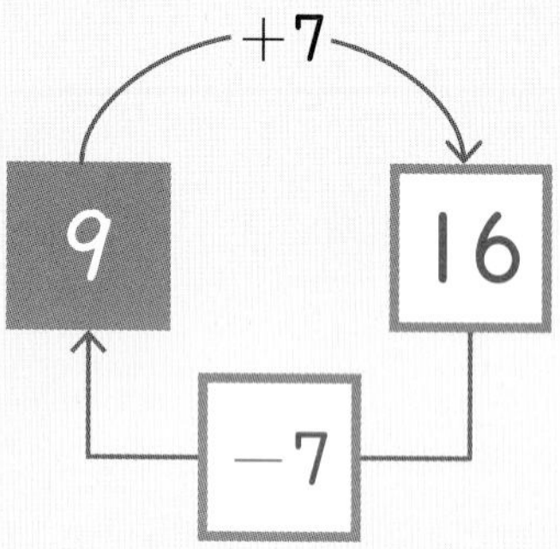

❶
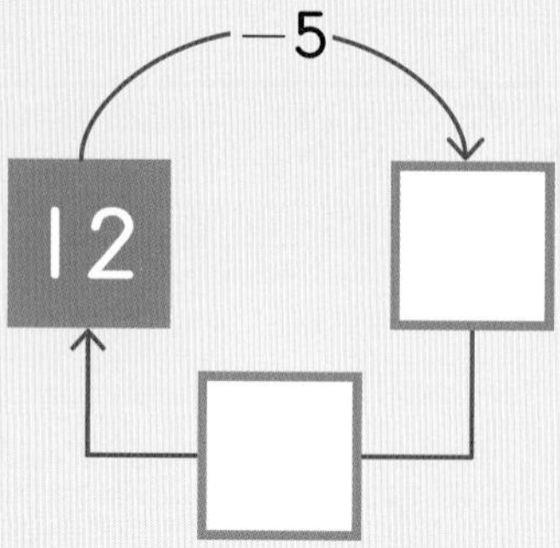

❷
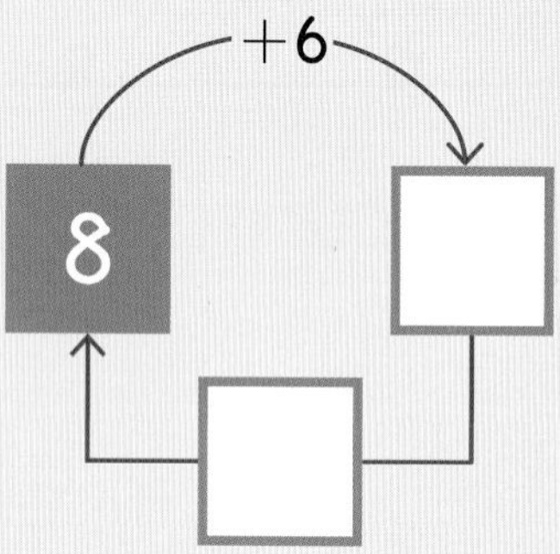

❸
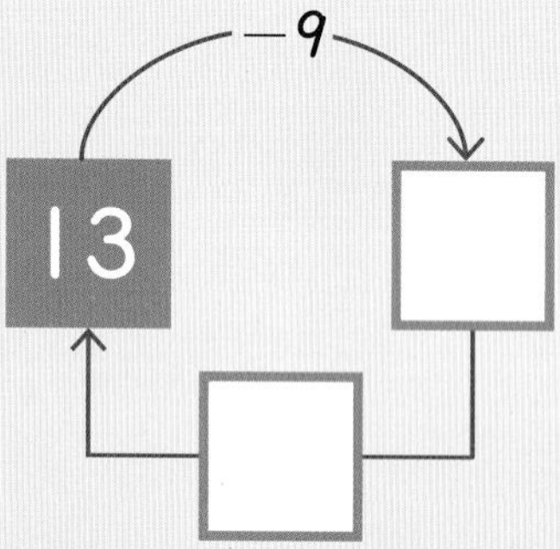

❹
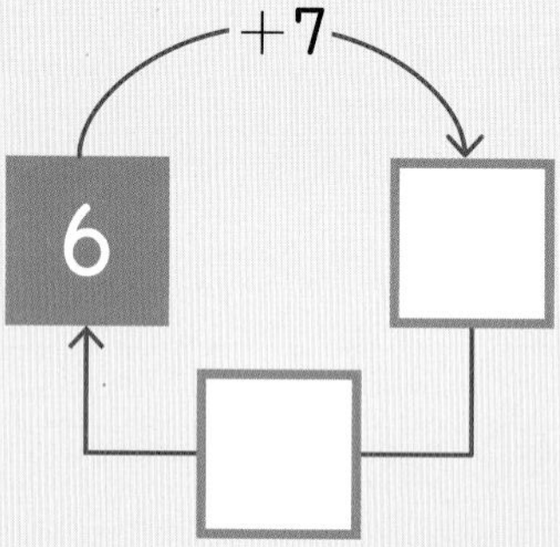

❺
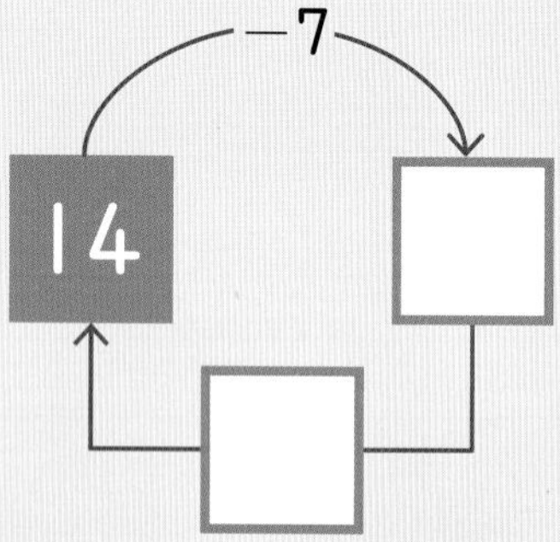

❻
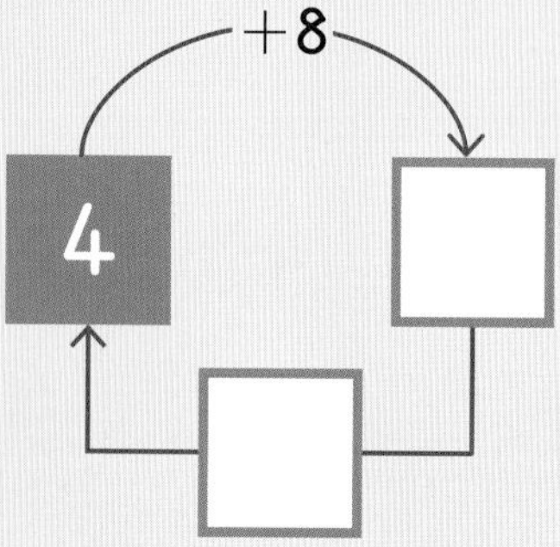

❼
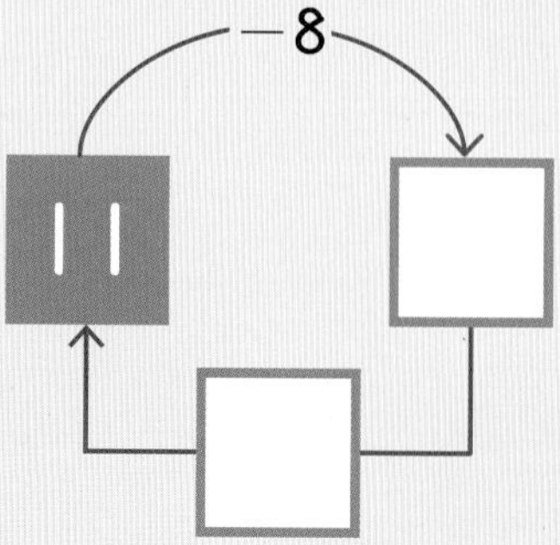

❽
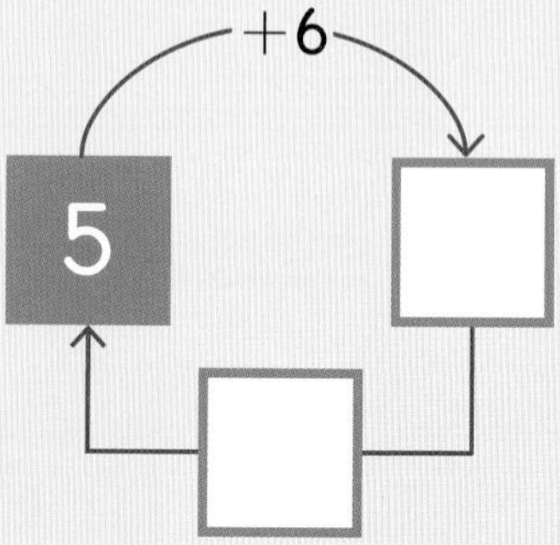

거꾸로 계산하여 빈칸에 알맞은 수를 써넣으시오.

(보기) 7 →(+4)→ 11 →(−5)→ 6

❶ □ →(−9)→ □ →(+7)→ 11

❷ □ →(−6)→ □ →(+2)→ 11

❸ □ →(+5)→ □ →(−8)→ 6

❹ □ →(+5)→ □ →(−4)→ 9

❺ □ →(−6)→ □ →(+9)→ 14

❻ □ →(−7)→ □ →(+6)→ 13

❼ □ →(+7)→ □ →(−6)→ 7

❽ □ →(+4)→ □ →(−7)→ 6

❾ □ →(−9)→ □ →(+8)→ 16

수직선

◐ 수직선을 보고 빈칸에 알맞은 수를 써넣으시오.

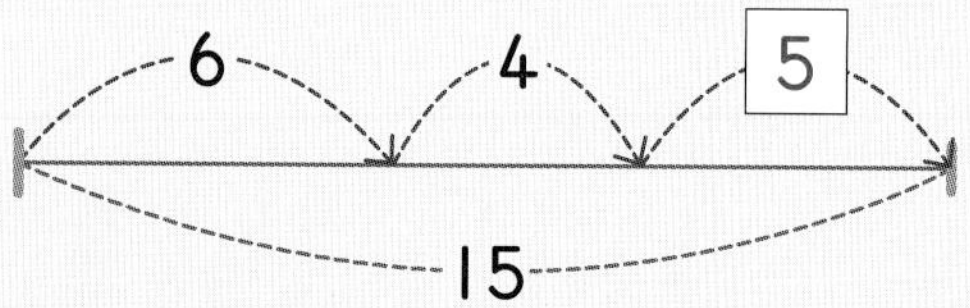

$6+4+\boxed{5}=15$

❶

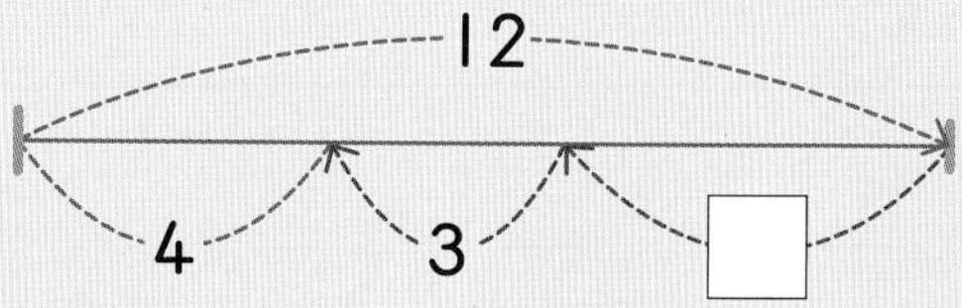

$12-\square-3=4$

❷

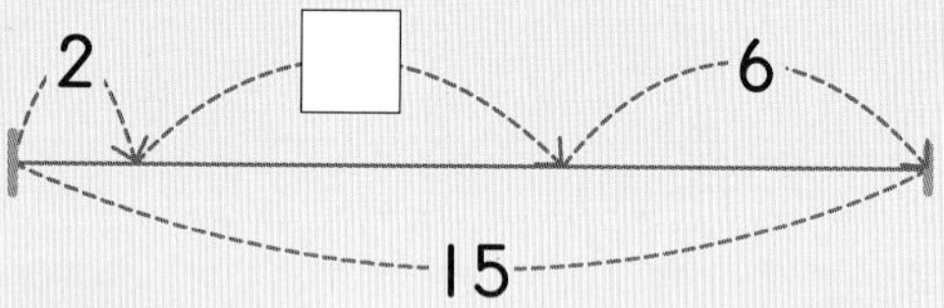

$2+\square+6=15$

❸

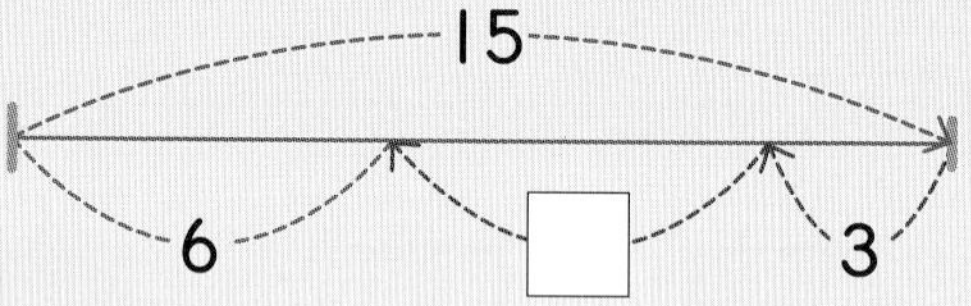

$15-3-\square=6$

❹

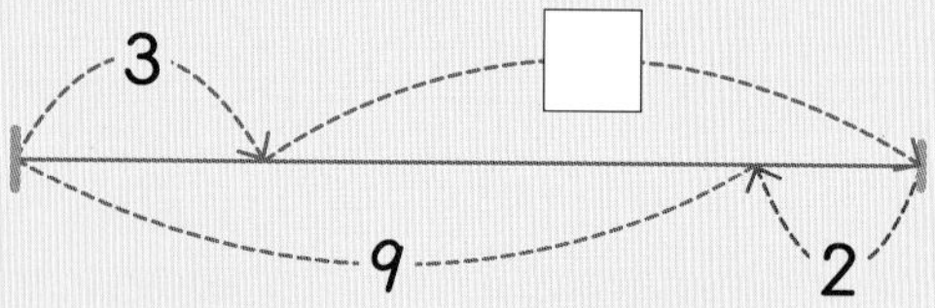

$3+\square-2=9$

❺

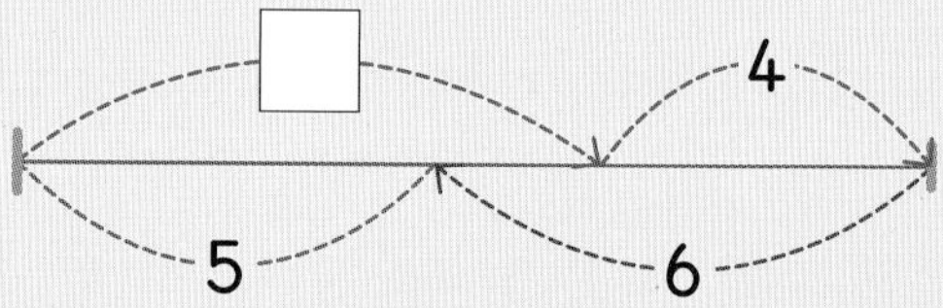

$\square+4-6=5$

□ 안에 알맞은 수를 써넣으시오.

$7+1+\boxed{7}=15$

❶ $15-3-\square=8$

❷ $9+\square+3=16$

❸ $12-\square-2=3$

❹ $\square+3+9=18$

❺ $\square-7-2=7$

❻ $7+\square-8=5$

❼ $13-7+\square=14$

❽ $8+4-\square=6$

❾ $15-\square+7=13$

❿ $\square+9-5=7$

⓫ $\square-4+9=17$

⓬ $6+8-\square=7$

⓭ $14-5+\square=12$

연산자

◐ 계산에 맞게 선을 그으시오.

\+ \+
7 6 4 = 9
− −

❶
\+ \+
12 3 2 = 7
− −

❷
\+ \+
8 2 5 = 11
− −

❸
\+ \+
5 7 6 = 6
− −

❹
\+ \+
13 5 3 = 11
− −

❺
\+ \+
14 8 7 = 13
− −

❻
\+ \+
6 9 6 = 9
− −

❼
\+ \+
15 9 2 = 4
− −

계산에 맞게 ◯ 안에 + 또는 −를 넣으시오.

4 ⊕ 7 ⊖ 3=8

❶ 9 ◯ 2 ◯ 5=16

❷ 11 ◯ 6 ◯ 8=13

❸ 5 ◯ 9 ◯ 7=7

❹ 13 ◯ 4 ◯ 3=6

❺ 2 ◯ 5 ◯ 6=13

❻ 8 ◯ 4 ◯ 7=5

❼ 11 ◯ 3 ◯ 9=17

❽ 7 ◯ 2 ◯ 5=14

❾ 5 ◯ 6 ◯ 8=3

❿ 13 ◯ 7 ◯ 6=12

⓫ 17 ◯ 8 ◯ 5=4

⓬ 9 ◯ 7 ◯ 8=8

⓭ 12 ◯ 4 ◯ 9=17

잘 공부했는지 알아봅시다

월 일

1 합이 10인 두 수를 사용하여 덧셈식을 만들고, 나머지 세 수의 합을 구하시오.

3 2 5
7 9

10 만들기	합 구하기

2 관계 있는 것끼리 선으로 이으시오.

$9+3+1$	$15-7-4$
$12-3-2$	$12-4+5$
$6+7-9$	$14-9+2$

3 계산에 맞게 ○ 안에 ＋또는 －를 써넣으시오.

❶ 5 ○ 7 ○ 4＝8

❷ 11 ○ 7 ○ 9＝13

7 문해결 연산

313 모양셈

◐ 같은 모양은 같은 숫자, 다른 모양은 다른 숫자입니다. 빈칸을 채우시오.

보기

7 + 9 = ⑯

⑯ − 8 + 5 = [13]

[13] − 7 = ◇6

❶

12 − 4 = ○

13 − ○ − 1 = □

□ + 9 = ◇

❷

8 + 4 = ○

○ − 3 + 7 = □

□ − 7 = ◇

❸

11 − 5 = ○

13 − ○ + 8 = □

□ − 9 = ◇

❹

9 + 6 = ○

○ − 6 + 3 = □

□ − 4 = ◇

❺

13 − 6 = ○

4 + ○ − 3 = □

9 + □ = ◇

◆가 나타내는 수는 얼마입니까?

4 + 7 = ♣
♣ − 3 + 6 = ♠
♠ − 9 = ◆
◆ = 5

❶
12 − 6 = ♣
8 + ♣ − 7 = ♠
♠ + 9 = ◆
◆ = □

❷
11 − 7 = ♣
♣ + 9 − 6 = ♠
♠ + 8 = ◆
◆ = □

❸
9 + 7 = ♣
♣ − 8 + 4 = ♠
♠ − 7 = ◆
◆ = □

❹
13 − 4 = ♣
15 − ♣ + 7 = ♠
♠ − 5 = ◆
◆ = □

❺
6 + 6 = ♣
♣ − 7 + 8 = ♠
♠ − 9 = ◆
◆ = □

식 완성

◐ 다음 중 두 수를 사용하여 식을 완성하시오.

$6+\boxed{5}-\boxed{2}=9$

2 5 8

❶ $7+\square-\square=2$

3 4 9

❷ $8+\square-\square=7$

6 7 9

❸ $7-\square+\square=12$

5 1 6

❹ $6+\square-\square=8$

5 2 3

❺ $9+\square-\square=3$

2 8 4

❻ $15-\square+\square=12$

3 4 7

❼ $16-\square+\square=12$

5 7 9

❽ $5+\square-\square=7$

4 8 6

❾ $9+\square-\square=5$

7 4 3

주어진 수를 한 번씩 사용하여 식을 완성하시오.

9 − 1 + 4 = 12

1 4 9

❶ □ − □ + □ = 15

3 7 11

❷ □ + □ − □ = 9

8 5 6

❸ □ + □ − □ = 3

4 8 9

❹ □ − □ + □ = 17

4 8 13

❺ □ − □ + □ = 14

4 5 13

❻ □ + □ − □ = 3

2 8 9

❼ □ + □ − □ = 6

11 4 9

❽ □ − □ + □ = 14

9 3 8

❾ □ − □ + □ = 13

7 6 12

겹쳐진 거리

◐ 수직선을 보고 빈칸에 알맞은 수를 써넣으시오.

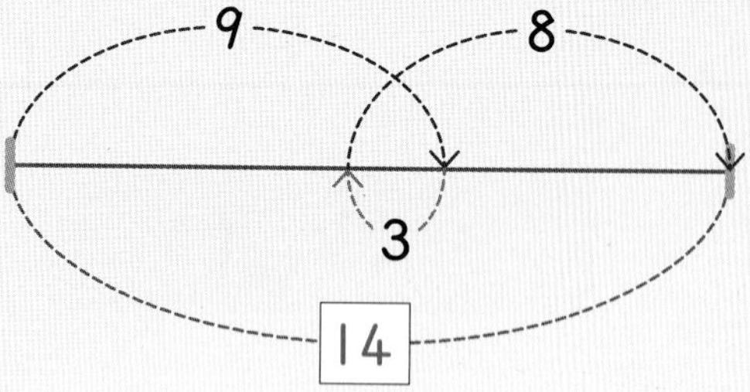

$9-3+8=\boxed{14}$

❶

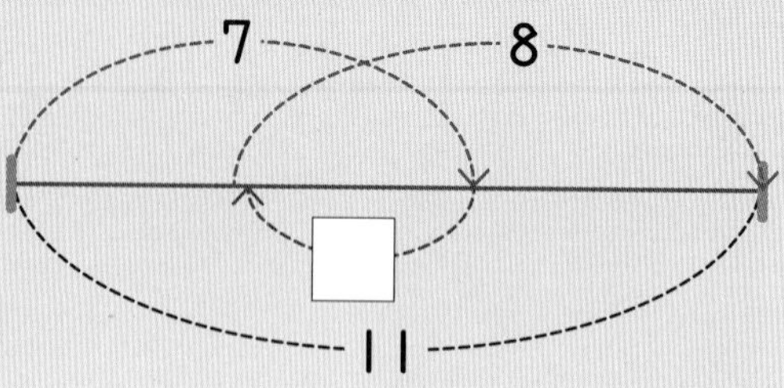

$7-\square+8=11$

❷

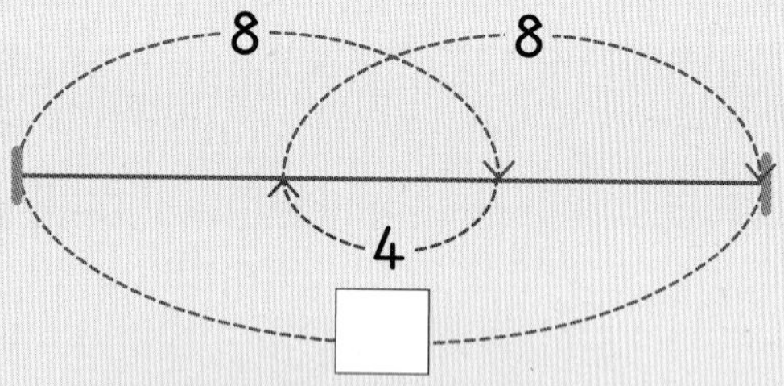

$8-4+8=\square$

❸

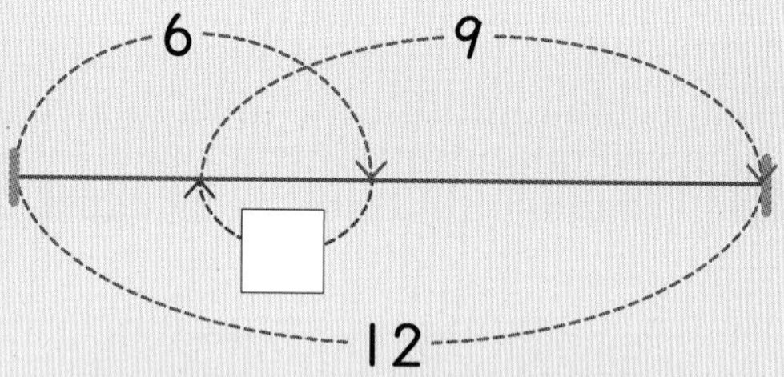

$6-\square+9=12$

❹

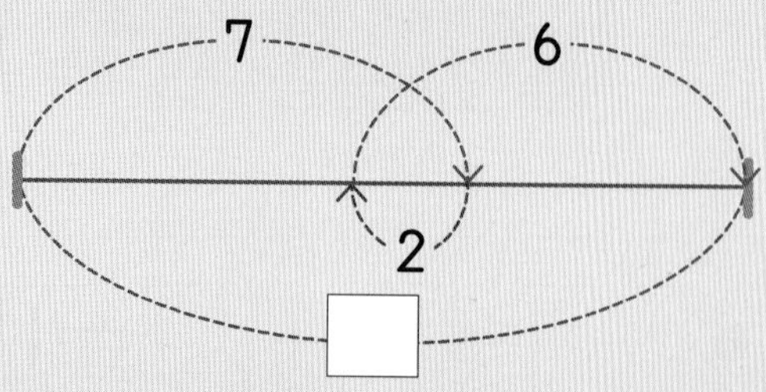

$7-2+6=\square$

❺

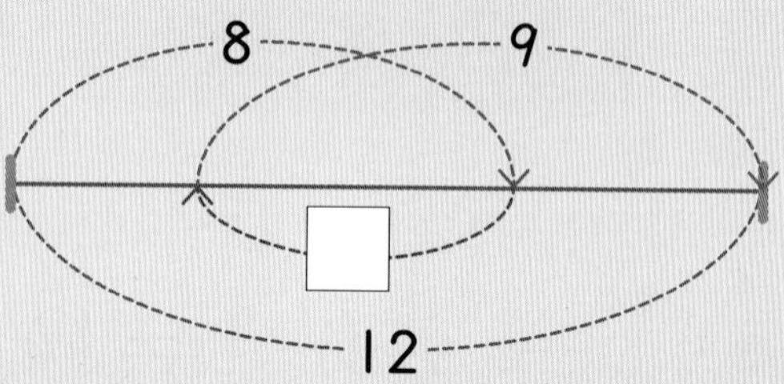

$8-\square+9=12$

◆ □ 안의 알맞은 수를 구하는 식을 쓰고, 빈칸에 알맞은 수를 써넣으시오.

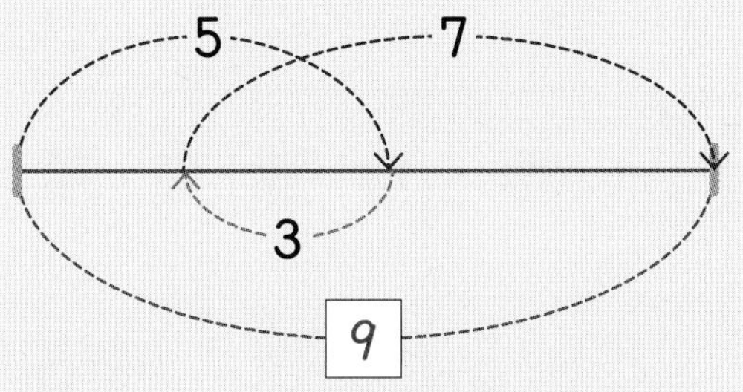

5−3+7=9

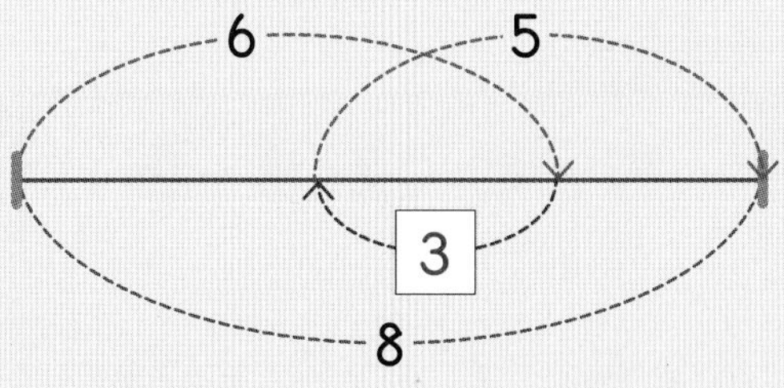

6−□+5=8, □=3

❶

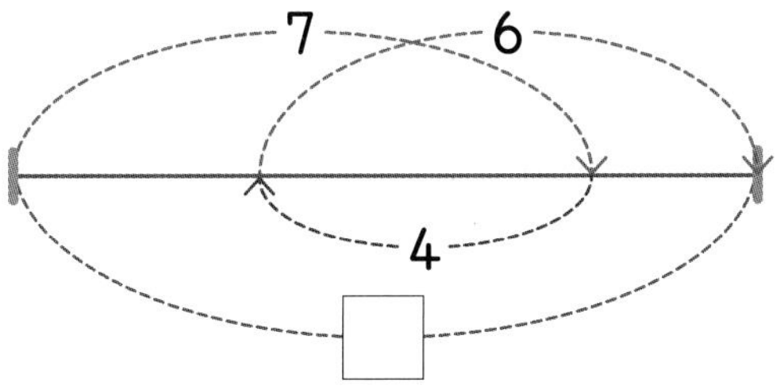

❷

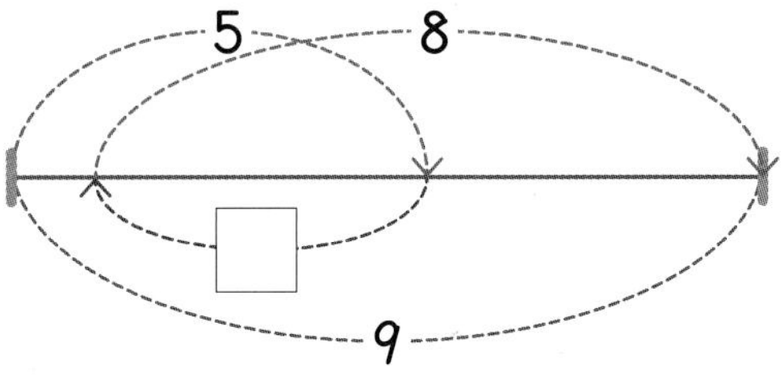

❸

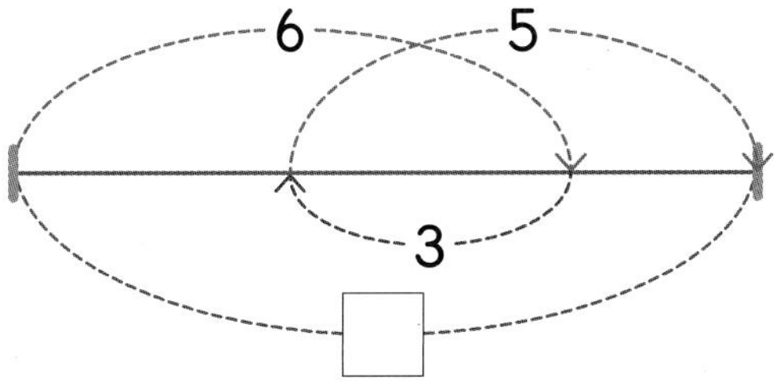

❹

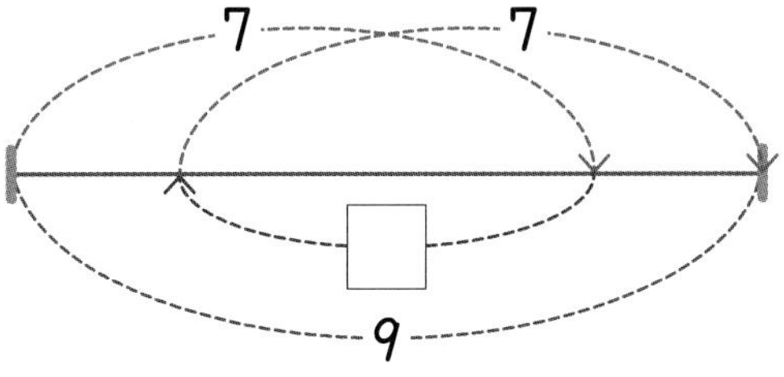

316 약속셈

◐ 약속에 맞게 계산한 것입니다. 빈칸에 알맞은 수를 써넣으시오.

약속

■⊙●=■+●+●

4⊙5=4+ 5 +5

=14

7⊙2=7+2+ 2

=11

❶ **약속**

■◈●=■−●+■

8◈3=8−□+8

=□

9◈3=9−3+□

=□

❷ **약속**

■⊡●=■−●−●

13⊡4=13−□−4

=□

15⊡6=15−6−□

=□

❸ **약속**

■◬●=■+■+●

3◬9=3+□+9

=□

4◬8=4+4+□

=□

⊕ 약속에 맞게 계산하시오.

약속

■⊙●=■+●+●

5⊙3= 11

6⊙3= 12

❶ **약속**

■◈●=■−●+■

8◈2= □

6◈1= □

❷ **약속**

■⊡●=■−●−●

14⊡5= □

16⊡7= □

❸ **약속**

■△●=■+■+●

2△9= □

3△8= □

❹ **약속**

■▽●=■−●+7

13▽5= □

11▽6= □

❺ **약속**

■⊙●=■+●+●

8⊙3= □

9⊙2= □

잘 공부했는지 알아봅시다

월　일

1 ◆가 나타내는 수는 얼마입니까?

7 + 5 = ♣

♣ − 9 + 4 = ♠

♠ + 8 − 6 = ◆

◆ = □

2 다음 중 두 수를 사용하여 식을 완성하시오.

5　13　11　6

□ − 4 − □ = 2

3 □ 안의 알맞은 수를 구하는 식을 쓰고, 빈칸에 알맞은 수를 써넣으시오.

❶

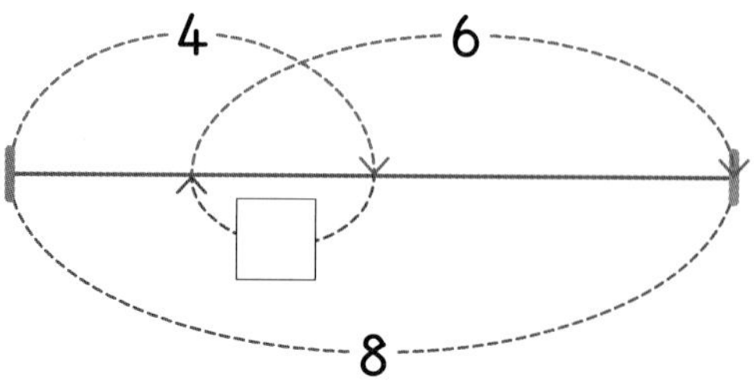

____

❷

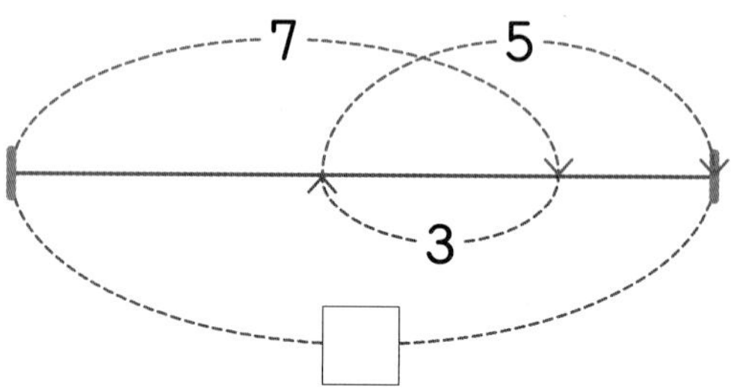

____

8 문장이 있는 덧셈과 뺄셈

317 한 식 문장제

◐ □ 안에 알맞은 수를 써넣어 식을 완성하시오.

배구공이 9개, 농구공이 9개 있습니다. 공은 모두 몇 개 있습니까?

식 : [9] + [9] = [18] (개)

❶ 민주는 칭찬 붙임 딱지를 6개 가지고 있습니다. 소희는 민주보다 5개 더 가지고 있습니다. 소희가 가지고 있는 칭찬 붙임 딱지는 몇 개입니까?

식 : □ + □ = □ (개)

❷ 종이학을 태희는 5개, 민수는 7개 모았습니다. 두 사람이 모은 종이학은 모두 몇 개입니까?

식 : □ + □ = □ (개)

❸ 어제는 동화책을 9쪽까지 읽었습니다. 오늘은 13쪽을 읽었습니다. 오늘은 어제보다 몇 쪽 더 많이 읽었습니까?

식 : □ − □ = □ (쪽)

❹ 슬기는 8살이고, 언니는 14살입니다. 언니는 슬기보다 몇 살이 더 많습니까?

식 : □ − □ = □ (살)

◆ 알맞은 식과 답을 쓰시오.

오렌지가 4개, 사과가 8개 있습니다. 과일은 모두 몇 개 있습니까?

식 : $4+8=12$ 답 : 12 개

❶ 민우는 어제 윗몸일으키기를 6번 하였습니다. 오늘은 어제보다 8번 더 하였습니다. 민우는 오늘 윗몸일으키기를 몇 번 하였습니까?

식 : ____________ 답 : ______ 번

❷ 과일 가게에서 자두를 7개, 복숭아를 4개 팔았습니다. 과일을 모두 몇 개 팔았습니까?

식 : ____________ 답 : ______ 개

❸ 꽃 가게에 백합이 13송이 있었는데, 그중 4송이를 팔았습니다. 남은 백합은 몇 송이입니까?

식 : ____________ 답 : ______ 송이

❹ 재호는 공깃돌을 9개 가지고 있고, 슬기는 15개 가지고 있습니다. 슬기는 재호보다 공깃돌을 몇 개 더 가지고 있습니까?

식 : ____________ 답 : ______ 개

318 □ 문장제

◐ 밑줄 친 조건을 □로 나타내어 알맞은 식을 쓰시오.

양계장의 닭들이 어제는 달걀을 7개 낳았고, 오늘은 몇 개를 더 낳아서 모두 12개가 되었습니다.

식 : $7+\square=12$

❶ 교실에 여학생 몇 명과 남학생 4명이 있어 모두 13명입니다.

식 : ____________

❷ 진호는 공깃돌 8개를 가지고 있었는데 누나가 몇 개를 더 주어 모두 13개가 되었습니다.

식 : ____________

❸ 진우네 농장에는 토끼 몇 마리와 햄스터 5마리를 키웁니다. 토끼는 햄스터보다 7마리가 더 많습니다.

식 : ____________

❹ 호종이는 구슬을 14개 가지고 있었습니다. 동생에게 몇 개를 주고 세어 보니 8개가 남았습니다.

식 : ____________

◆ □를 사용한 식을 쓰고 답을 구하시오.

과일 가게에서 참외를 4개, 키위를 몇 개 팔아 과일을 모두 11개 팔았습니다. 키위는 몇 개 팔았습니까?

식 : 4+□=11 답 : 7 개

❶ 철호는 과학책을 6쪽까지 읽었습니다. 오늘은 몇 쪽을 더 읽어 14쪽까지 읽었습니다. 오늘은 몇 쪽을 읽었습니까?

식 : ____________ 답 : ______ 쪽

❷ 선우는 9년 후에 15살이 됩니다. 선우는 올해 몇 살입니까?

식 : ____________ 답 : ______ 살

❸ 민주는 종이학을 몇 개 가지고 있었는데 그중에서 4개를 민주에게 주었더니 9개가 남았습니다. 민주는 종이학을 몇 개 가지고 있었습니까?

식 : ____________ 답 : ______ 개

❹ 어제 우리에 고슴도치가 16마리 있었는데 오늘 몇 마리가 달아나 9마리가 되었습니다. 달아난 고슴도치는 몇 마리입니까?

식 : ____________ 답 : ______ 마리

319 세 수 문장제

◐ □ 안에 알맞은 수를 쓰고 물음에 맞는 식을 완성하시오.

어머니께서 초콜릿 7개를 사오셨고, 아버지께서 어머니보다 2개 더 많이 사 오셨습니다. 어머니와 아버지께서 사오신 초콜릿은 모두 몇 개입니까?

식 : [7] + [7] + [2] = [16] (개)

❶ 버스에 13명이 타고 있었는데 첫 번째 정류장에서 5명이 내리고, 두 번째 정류장에서 6명이 내렸습니다. 버스에 타고 있는 사람은 모두 몇 명입니까?

식 : □ − □ − □ = □ (명)

❷ 빨간색 색종이가 7장 있고, 노란색 색종이는 6장, 파란색 색종이는 2장 있습니다. 색종이는 모두 몇 장입니까?

식 : □ + □ + □ = □ (장)

❸ 한 상자에 초코파이가 12개 들어 있습니다. 건희가 4개, 미애가 2개를 먹었습니다. 남은 초코파이는 모두 몇 개입니까?

식 : □ − □ − □ = □ (개)

❹ 선재는 빨간색 구슬을 8개, 파란색 구슬을 6개 가지고 있었습니다. 누나에게 구슬 5개를 주었습니다. 선재에게 남은 구슬은 모두 몇 개입니까?

식 : □ + □ − □ = □ (개)

◆ 알맞은 식과 답을 쓰시오.

학급 문고를 만들기 위해 책을 모았습니다. 어제는 3권을 모았고, 오늘은 어제보다 6권을 더 모았습니다. 모두 몇 권이 되었습니까?

식 : $3+3+6=12$ 답 : 12 권

❶ 연필을 현우는 2자루, 민주는 7자루, 소연이는 8자루를 모았습니다. 세 사람이 모은 연필은 모두 몇 자루입니까?

식 : ______ 답 : ______ 자루

❷ 고리 던지기 놀이를 하여 유진이는 고리를 4개 던졌고, 선영이는 유진이보다 3개 더 많이 고리를 던졌습니다. 두 사람이 던진 고리는 모두 몇 개입니까?

식 : ______ 답 : ______ 개

❸ 교실에 여학생 9명과 남학생 7명이 있었습니다. 그중 8명이 운동장에 나갔습니다. 교실에 있는 학생은 모두 몇 명입니까?

식 : ______ 답 : ______ 명

❹ 냉장고에 사과가 6개 있었습니다. 이 중 3개를 먹고, 다시 사과 8개를 사서 냉장고에 넣었습니다. 냉장고에 있는 사과는 모두 몇 개입니까?

식 : ______ 답 : ______ 개

320 어떤 수 구하기

◐ □를 사용한 식으로 나타내시오.

어떤 수에 7을 더하였더니 15가 되었습니다.

식 : $\square + 7 = 15$

❶ 어떤 수에 5를 더하였더니 11이 되었습니다.

식 : ______

❷ 8에 어떤 수를 더하였더니 17이 되었습니다.

식 : ______

❸ 4에 어떤 수를 더하였더니 11이 되었습니다.

식 : ______

❹ 13에서 어떤 수를 뺐더니 7이 되었습니다.

식 : ______

❺ 11과 어떤 수의 차는 2입니다. 단, 어떤 수는 11보다 작습니다.

식 : ______

❻ 어떤 수에서 4를 뺐더니 9가 되었습니다.

식 : ______

어떤 수를 구하고, 물음에 답하시오.

어떤 수에 7을 더해야 할 것을 잘못 하여 9를 더하였더니 13이 되었습니다. 바르게 계산하면 얼마입니까?

어떤 수 : □+9=13, □=4

계산하기 : 4+7=11

❶ 어떤 수와 8의 합은 16입니다. 어떤 수에 9를 더하면 얼마입니까?

어떤 수 : ______

계산하기 : ______

❷ 어떤 수에 5를 더해야 할 것을 잘못 하여 8을 더하였더니 15가 되었습니다. 바르게 계산하면 얼마입니까?

어떤 수 : ______

계산하기 : ______

❸ 어떤 수에 6을 더해야 할 것을 잘못 해서 뺐더니 3이 되었습니다. 바르게 계산하면 얼마입니까?

어떤 수 : ______

계산하기 : ______

❹ 어떤 수에서 4를 빼야 할 것을 잘못 하여 8을 뺐더니 3이 되었습니다. 바르게 계산하면 얼마입니까?

어떤 수 : ______

계산하기 : ______

잘 공부했는지 알아봅시다

월 일

1 진우는 공깃돌 7개를 가지고 있었는데 누나가 6개를 더 주었습니다. 진우가 가지고 있는 공깃돌은 모두 몇 개입니까?

식 : ________________ 답 : ________ 개

2 어제 초콜릿이 15개 들어있었는데 오늘 상자를 열어보니 초콜릿이 8개 남아있습니다. 어제 먹은 초콜릿은 몇 개입니까?

식 : ________________ 답 : ________ 개

3 승수는 종이학을 14마리 접었습니다. 승수는 지호보다 5마리를 더 접었다고 합니다. 지호가 접은 종이학은 몇 마리인지 □를 사용한 식으로 나타내시오.

식 : ________________

4 빨간색 구슬이 7개, 파란색 구슬이 8개 있습니다. 노란색 구슬이 빨간색 구슬과 파란색 구슬을 더한 것보다 4개 적다면 노란색 구슬은 몇 개입니까?

5 어떤 수에 4를 더해야 할 것을 잘못하여 뺐더니 5가 되었습니다. 바르게 계산한 답을 구하시오.

MEMO

MEMO

NE 능률

교과 이해력 UP 시켜 주는, **초등 어휘 필수 교과서**

세 마리 토끼 잡는 초등 어휘

세토어로 공부한 아이는 **교과 이해력이 다릅니다.**
세토어는 참고서가 아니라, **어휘 교과서입니다.**

www.nebooks.co.kr ▼

초등 어휘 교과서 세토어는…?

★ 한자어, 고유어, 영단어 학습을 한 번에!
★ 어휘 학습을 통해 초등 교과 내용 완벽 이해!
★ 한자 활용 능력을 키워 주어, 중·고등 교과 대비도 척척!

사고셈

정답 및 해설
Guide Book

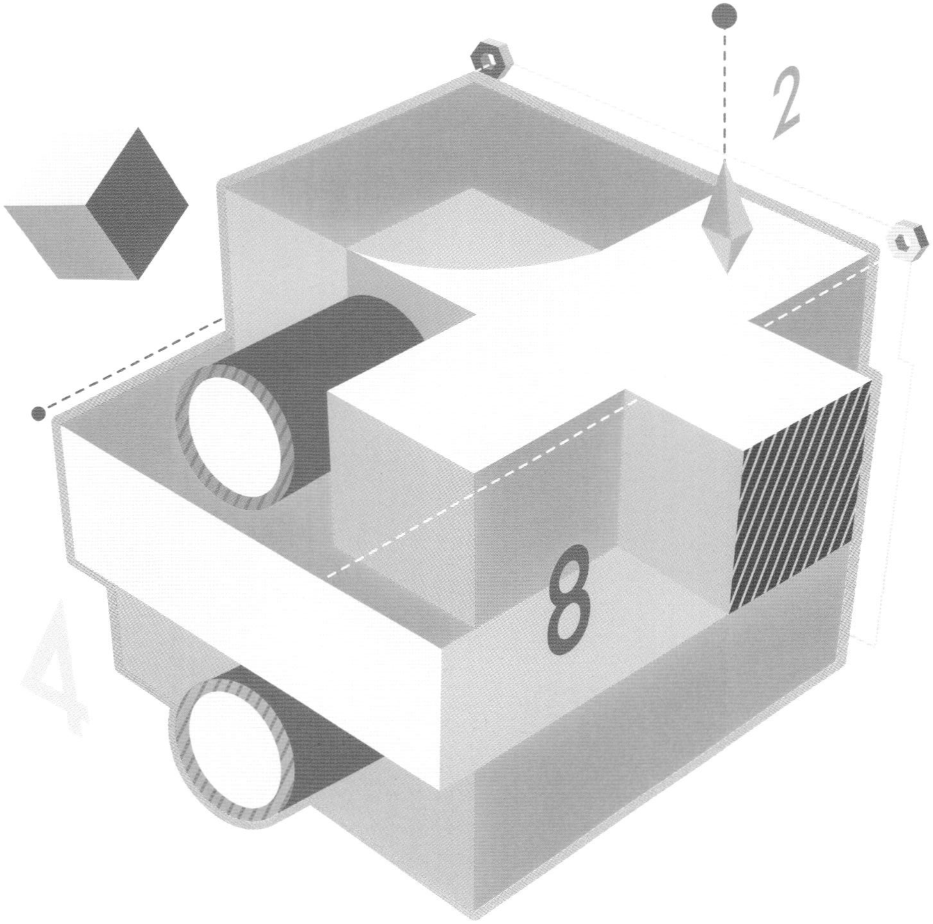

초등1 2호

뺄셈구구와 덧셈, 뺄셈 혼합

NE 능률

그림셈

◐ 그림을 보고 뺄셈을 하시오.

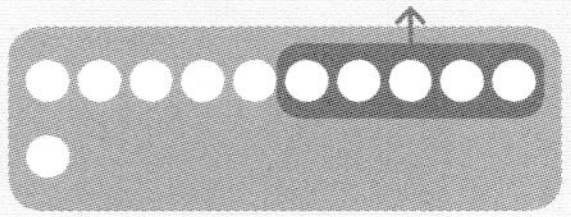

11−5= 6

❶ 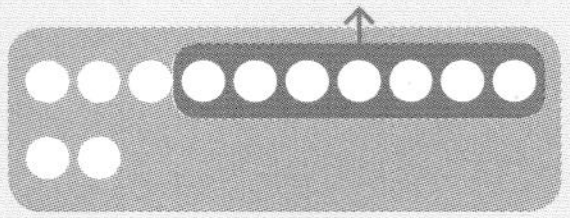

12−7= 5

❷ 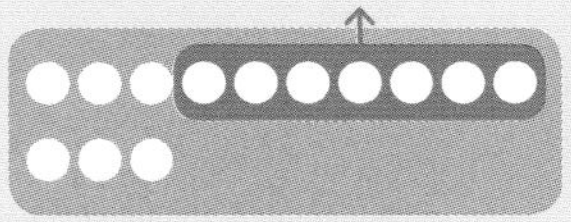

13−7= 6

❸ 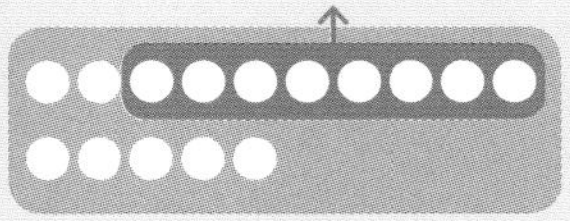

15−8= 7

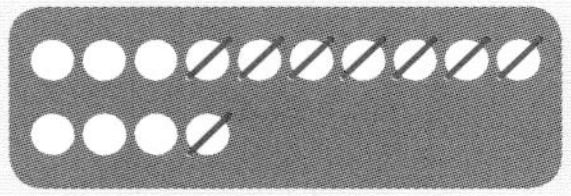

14−8= 6

❹ 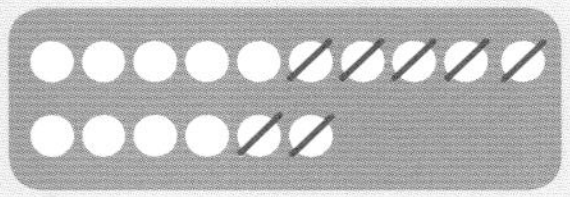

16−7= 9

❺ 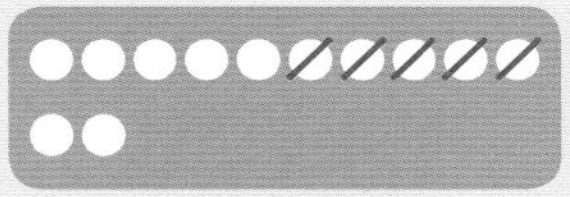

12−5= 7

❻ 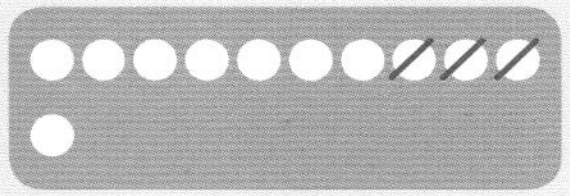

11−3= 8

◈ 그림을 보고 빈칸에 알맞은 수를 써넣으시오.

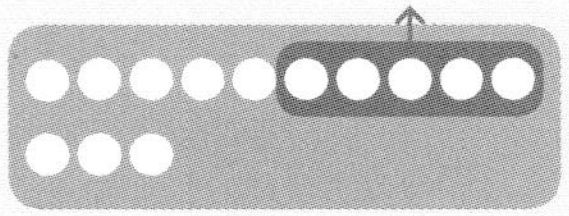

13 − 5 = 8

❶ 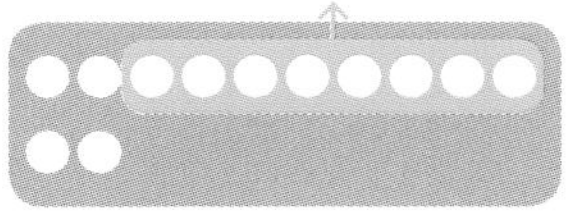

12 − 8 = 4

❷ 

14 − 5 = 9

❸ 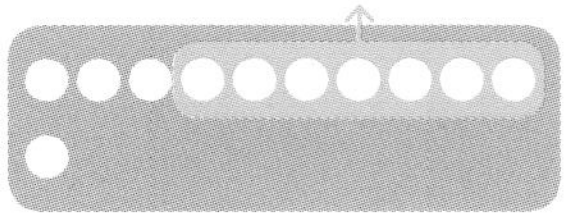

11 − 7 = 4

15 − 9 = 6

❹ 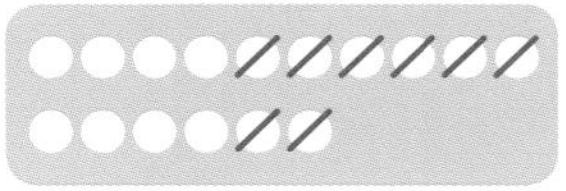

16 − 8 = 8

❺ 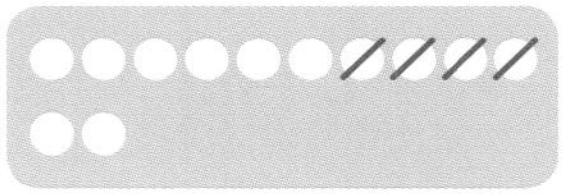

12 − 4 = 8

❻ 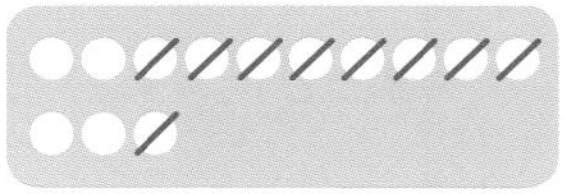

13 − 9 = 4

290 가르기 뺄셈

◐ □ 안에 알맞은 수를 써넣으시오.

12−5
12−[2]−[3]
10−[3]=[7]
12에서 2를 빼면 10이 되므로 5를 2와 3으로 가르기하여 계산합니다.

15−7
[5]+[10]−7
[5]+3=[8]
15를 5와 10으로 가르기하여 10에서 7을 뺀 다음 5를 더하여 계산합니다.

❶ 13−4
13−[3]−[1]
10−[1]=[9]

❷ 11−5
[1]+[10]−5
[1]+5=[6]

❸ 17−9
17−[7]−[2]
10−[2]=[8]

❹ 14−6
[4]+[10]−6
[4]+4=[8]

◑ □ 안에 알맞은 수를 써넣으시오.

14−7=[7]
14−[4]−3
14에서 4를 빼면 10이 되므로 7을 4와 3으로 가르기하여 계산합니다.

❶ 11−6=[5]
11−[1]−5
11에서 1을 빼면 10이 되므로 6을 1과 5로 가르기하여 계산합니다.

❷ 12−8=[4]
12−[2]−6

❸ 16−8=[8]
16−[6]−2

❹ 13−9=[4]
13−[3]−6

❺ 14−6=[8]
14−[4]−2

13−6=[7]
3+[10]−6
13을 3과 10으로 가르기하여 10에서 6을 뺀 다음 3을 더합니다.

❻ 15−9=[6]
5+[10]−9
15를 5와 10으로 가르기하여 10에서 9를 뺀 다음 5를 더합니다.

❼ 14−8=[6]
[4]+10−8

❽ 12−4=[8]
2+[10]−4

❾ 16−7=[9]
6+[10]−7

❿ 11−3=[8]
[1]+10−3

월 일

◐ 계산에 맞게 선을 그으시오.

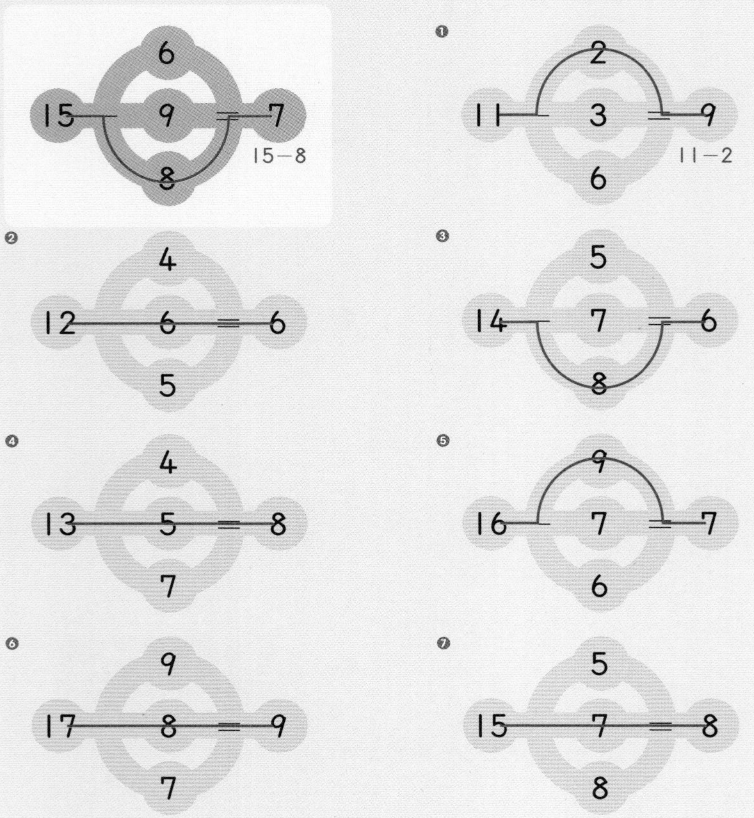

◐ 계산에 맞게 빈칸에 알맞은 수를 써넣으시오.

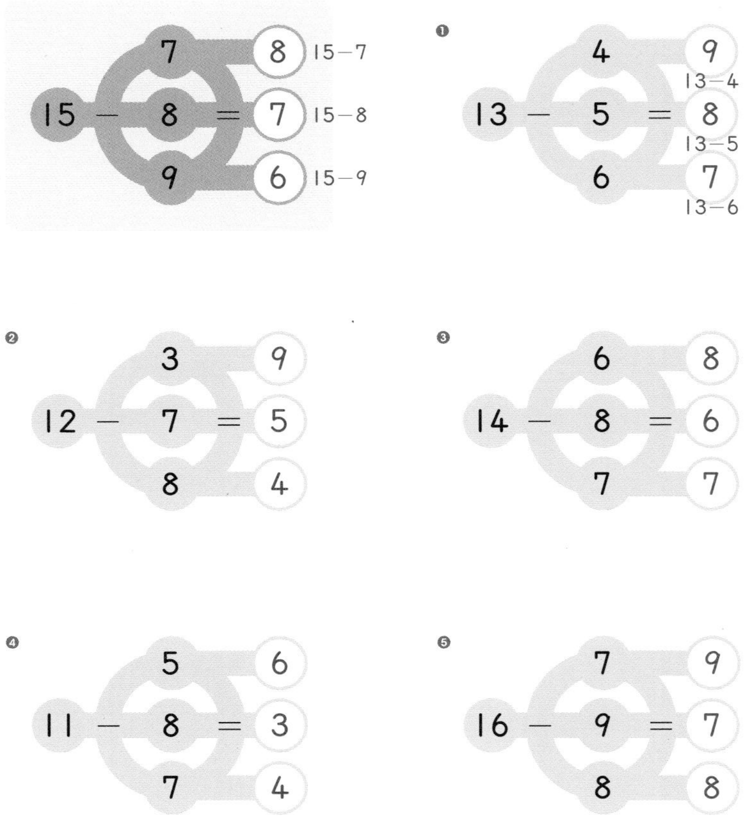

292 숫자 카드 가로셈

◐ 숫자 카드를 모두 사용하여 뺄셈식 두 개를 만드시오.

두 자리 수는 십 몇이므로 십의 자리에는 항상 1이 들어갑니다.

5 8 1 3 → 13 − 5 = 8, 13 − 8 = 5

❶ 2 5 7 1 → 12 − 5 = 7, 12 − 7 = 5

❷ 1 3 4 9 → 13 − 4 = 9, 13 − 9 = 4

❸ 7 5 8 1 → 15 − 7 = 8, 15 − 8 = 7

❹ 6 1 8 4 → 14 − 6 = 8, 14 − 8 = 6

월 일

◐ 숫자 카드를 모두 사용하여 뺄셈식 두 개를 만드시오.

뺄셈식의 형태를 (십 몇) − (몇) = (몇)으로 생각합니다.

5 7 2 1 → 12−5=7, 12−7=5

❶ 7 1 9 6 → 16−7=9, 16−9=7

❷ 9 4 3 1 → 13−4=9, 13−9=4

❸ 5 4 9 1 → 14−5=9, 14−9=5

❹ 8 9 7 1 → 17−8=9, 17−9=8

❺ 2 9 3 1 → 12−3=9, 12−9=3

잘 공부했는지 알아봅시다

월 일

1 □ 안에 알맞은 수를 써넣으시오.

❶ 14−9=5

14−4−5

10−5

❷ 15−7=8

10−7+5

3+5

2 빈칸에 알맞은 수를 써넣으시오.

❶ −9

11	15	13	18
2	6	4	9

❷ −7

12	15	14	16
5	8	7	9

3 숫자 카드를 모두 사용하여 뺄셈식을 완성하시오.

1 7 6 3

13−6=7

13−7=6

293 네모셈

◐ □ 안에 들어갈 수만큼 /로 지우고, 알맞은 수를 써넣으시오.

(예) 12 − [5] = 7

❶ 14 − [8] = 6

❷ 11 − [3] = 8

❸ 13 − [4] = 9

❹ 15 − [6] = 9

❺ 16 − [8] = 8

❻ 17 − [9] = 8

❼ 12 − [7] = 5

월 일

◑ □ 안에 들어갈 수에 ○표 하고, 알맞은 수를 써넣으시오.

□ 안에 들어갈 수를 넣어보고 계산하여 확인해 봅니다.

(예) 11 − [4] = 7
6 ④ 5
11 − 6 = 5
11 − ④ = 7
11 − 5 = 6

❶ 15 − [7] = 8
⑦ 6 8
15 − ⑦ = 8
15 − 6 = 9
15 − 8 = 7

❷ 17 − [8] = 9
2 7 ⑧
17 − 2 = 15
17 − 7 = 10
17 − ⑧ = 9

❸ [14] − 9 = 5
11 ⑭ 15

❹ [13] − 5 = 8
⑬ 15 3

❺ [16] − 9 = 7
12 15 ⑯

(예) [13] − 7 = 6
11 ⑬ 12

❻ [12] − 8 = 4
⑫ 14 4

❼ [18] − 9 = 9
9 12 ⑱

❽ 15 − [8] = 7
6 ⑧ 9

❾ 11 − [6] = 5
⑥ 4 7

❿ 14 − [7] = 7
9 5 ⑦

294 수직선

월 일

◐ 수직선을 보고 빈칸에 알맞은 수를 써넣으시오.

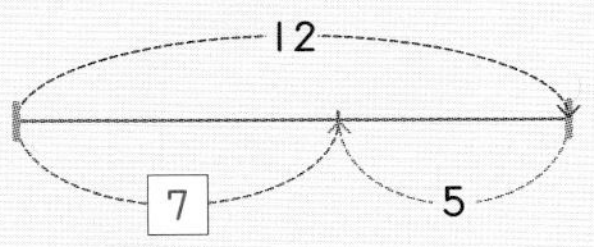

12−5=7

❶

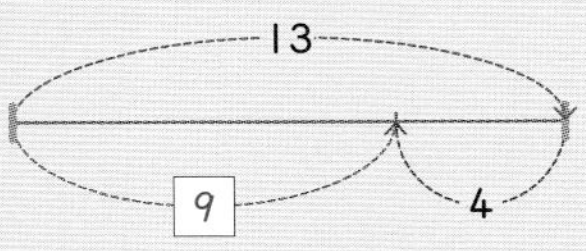

13−4=9

❷

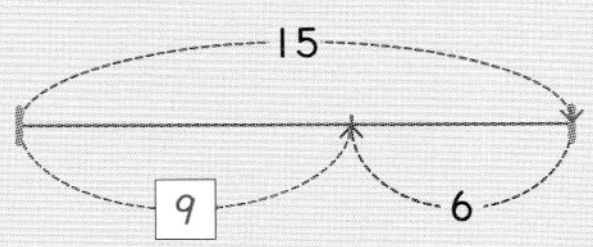

15−6=9

❸

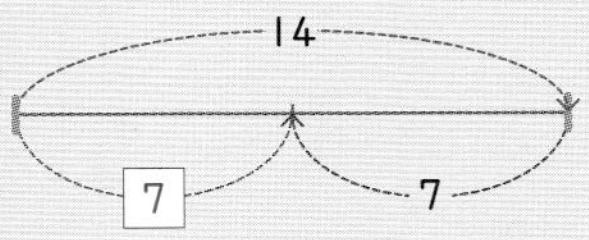

14−7=7

❹

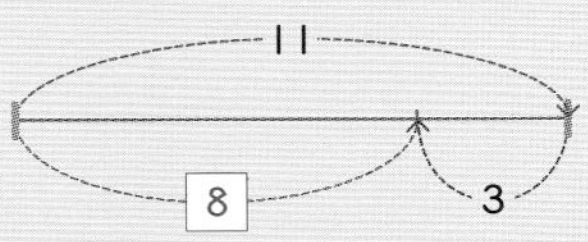

11−3=8

❺

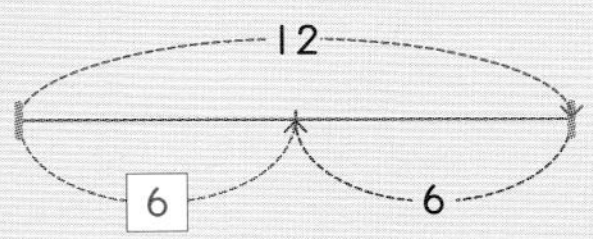

12−6=6

수직선에서 오른쪽으로 이동할 때는 덧셈, 왼쪽으로 이동할 때는 뺄셈입니다.

◑ 수직선을 보고 빈칸에 알맞은 수를 써넣으시오.

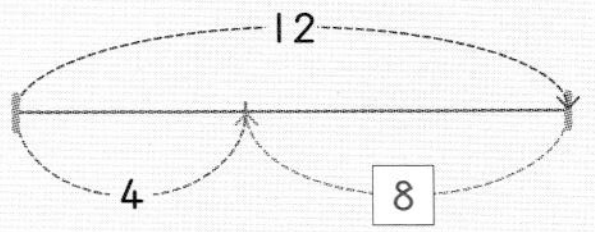

12−8=4

❶

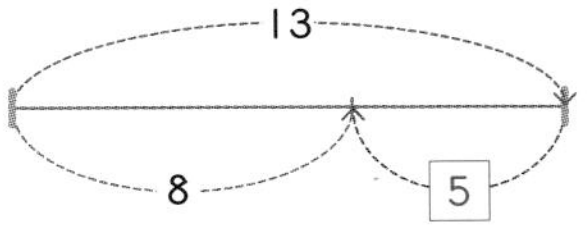

13−5=8

❷

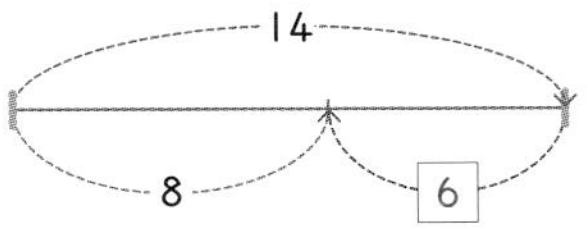

14−6=8

❸

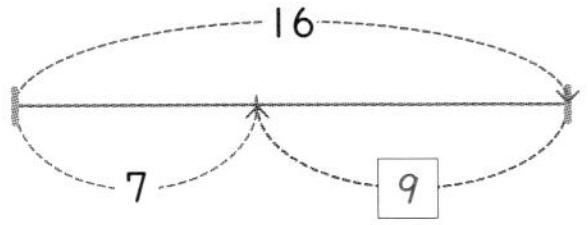

16−9=7

❹

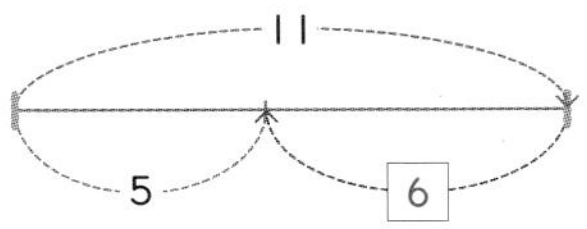

11−6=5

❺

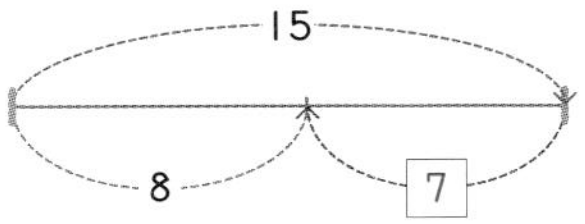

15−7=8

295 사탕셈

◐ 위에서 아래로, 왼쪽에서 오른쪽으로 뺄셈을 하시오.

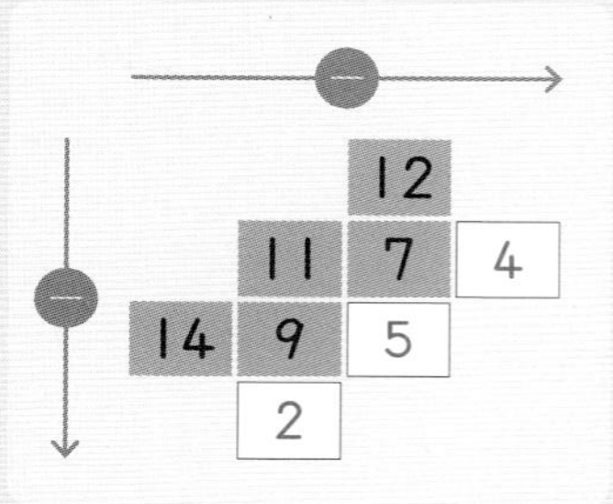

❶
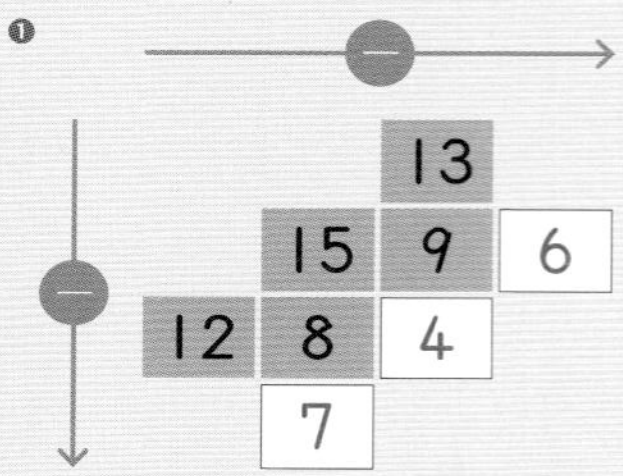

❷
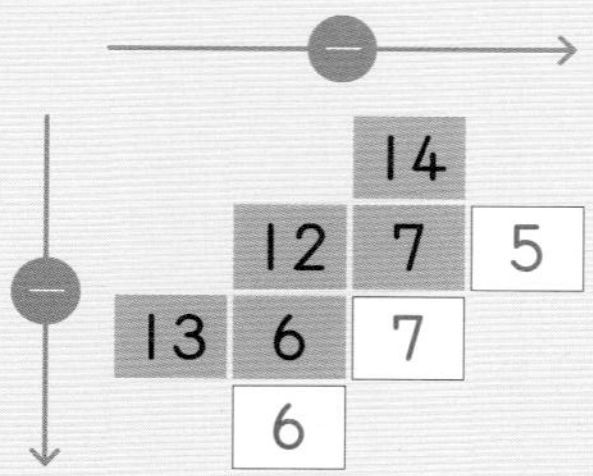

❸
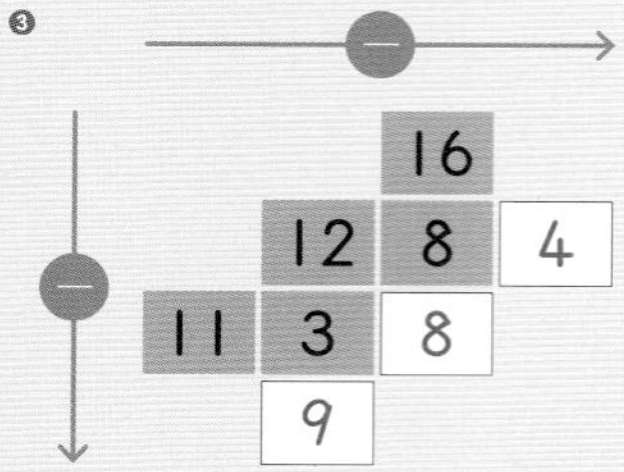

❹
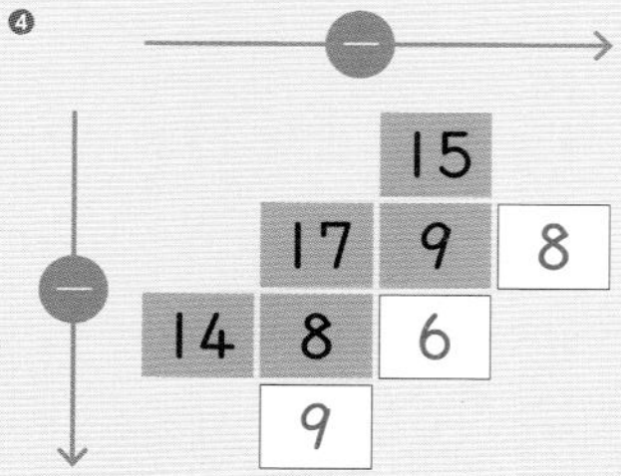

❺
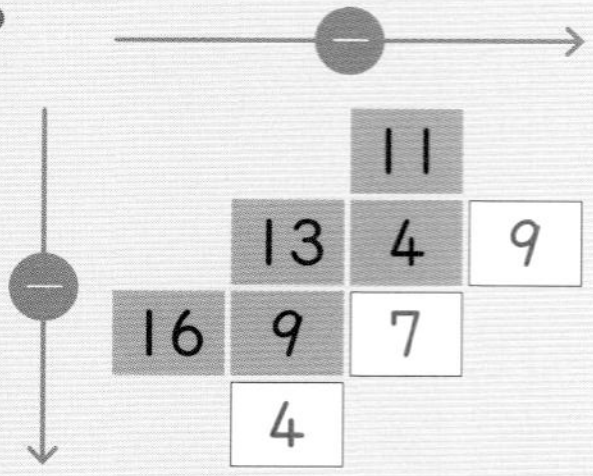

월 일

◐ 빈칸에 알맞은 수를 써넣으시오.

푸는 순서를 찾는 것이 중요합니다.

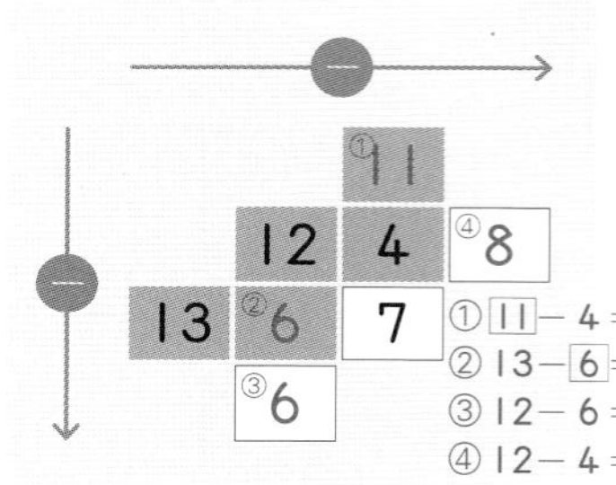

① 11 − 4 = 7
② 13 − 6 = 7
③ 12 − 6 = 6
④ 12 − 4 = 8

① 14 − 7 = 7
② 15 − 7 = 8
③ 15 − 9 = 6
④ 16 − 9 = 7

❶
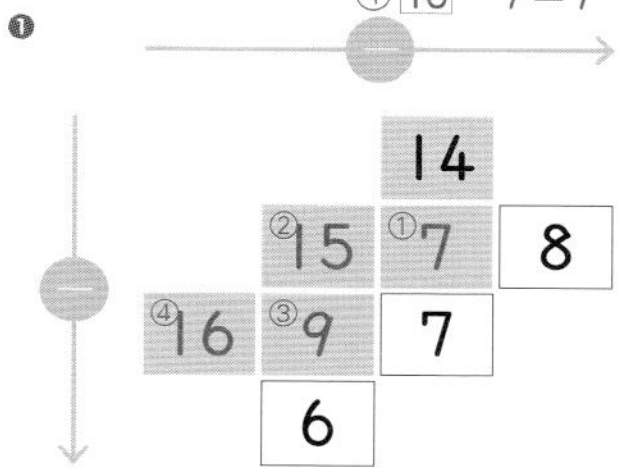

❷
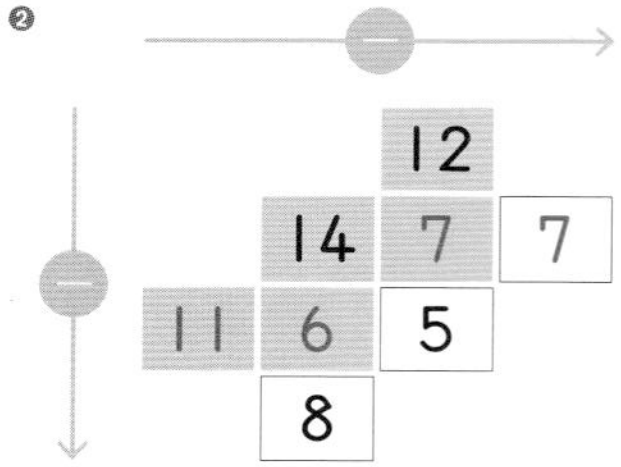

❸
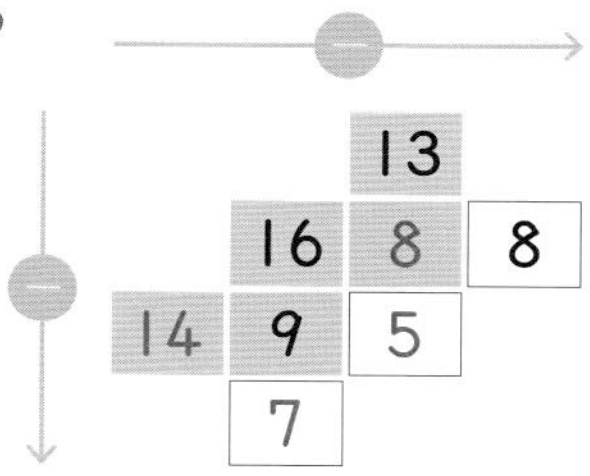

❹
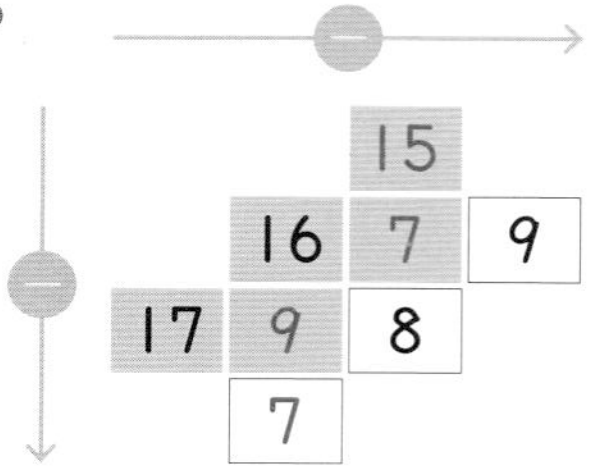

❺
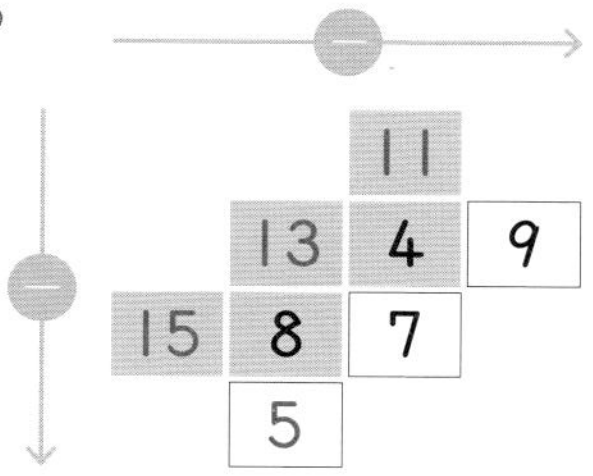

296 뺄셈표

월 일

◐ 뺄셈표의 빈칸에 알맞은 수를 써넣으시오.

−	9	7	8
11	2	4	3
13	4	6	5
14	5	7	6

❶

−	8	7	6
12	4	5	6
14	6	7	8
15	7	8	9

❷

−	5	6	9
12	7	6	3
14	9	8	5
11	6	5	2

❸

−	7	9	8
15	8	6	7
16	9	7	8
13	6	4	5

❹

−	4	7	5
13	9	6	8
11	7	4	6
12	8	5	7

❺

−	9	8	7
11	2	3	4
14	5	6	7
16	7	8	9

뺄셈표는 세로줄의 수에서 가로줄의 수를 빼서 만든 표입니다.

−	●	■
◆	◆−●	◆−■
▲	▲−●	▲−●

◑ 뺄셈표의 빈칸에 알맞은 수를 써넣으시오.

−	7	①6	4
13	6	7	9
11	4	5	7
②12	5	6	8

① 11−6=5
② 12−4=8

❶

−	②6	5	③9
①12	6	7	3
14	8	9	5
④13	7	8	4

① 12−5=7
② 12−6=6
③ 14−9=5
④ 13−9=4

❷

−	9	7	8
16	7	9	8
15	6	8	7
14	5	7	6

❸

−	8	4	6
13	5	9	7
12	4	8	6
11	3	7	5

❹

−	6	7	5
14	8	7	9
12	6	5	7
13	7	6	8

❺

−	6	9	7
11	5	2	4
14	8	5	7
15	9	6	8

잘 공부했는지 알아봅시다

월 일

1 □ 안에 알맞은 수를 써넣으시오.

❶ 12−[9]=3 ❷ [13]−7=6 ❸ 17−[9]=8

2 □ 안에 들어갈 수가 같은 것끼리 선으로 이으시오.

16−8=[8]	12−8=[4]	13−7=[6]
14−[8]=6	15−[6]=9	11−[4]=7

(16−8=[8] — 14−[8]=6, 12−8=[4] — 11−[4]=7, 13−7=[6] — 15−[6]=9)

3 빈칸에 알맞은 수를 써넣으시오.

❶ − 8

15	7
12	4

15−(8)=7
12−8=[4]

❷ − 9

11	2
16	7

11−9=[2]
16−(9)=7

297 원판셈

◐ 안쪽 수에서 바깥쪽 수를 빼어 빈칸에 알맞은 수를 써넣으시오.

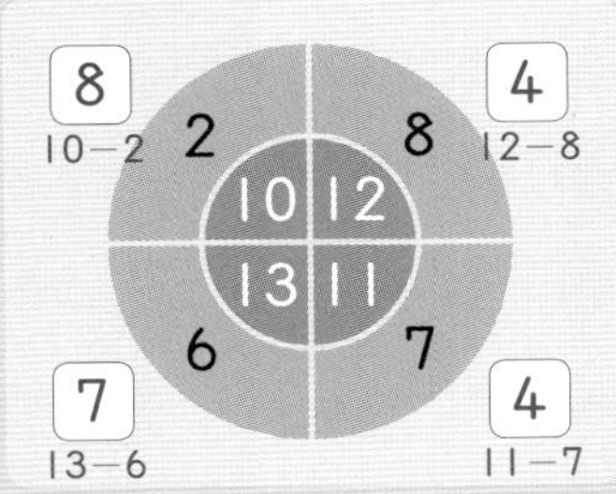

❶

❷

❸

❹
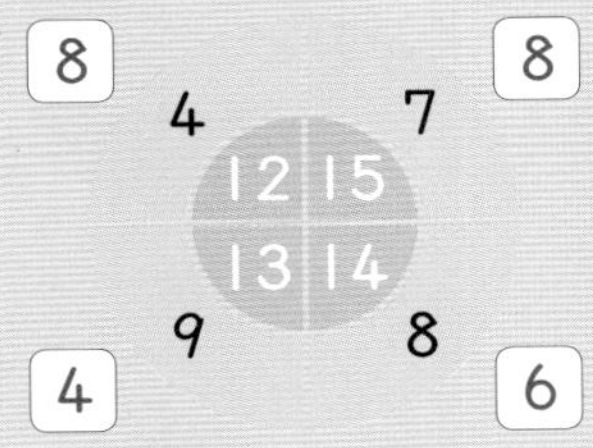

❺

월 일

◑ 빈칸에 알맞은 수를 써넣으시오.

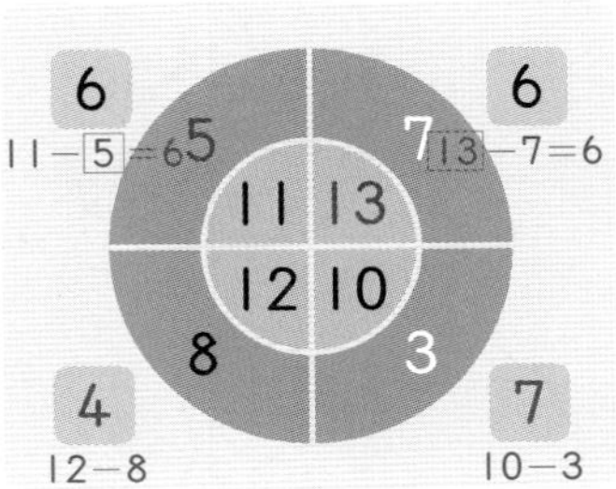

❶
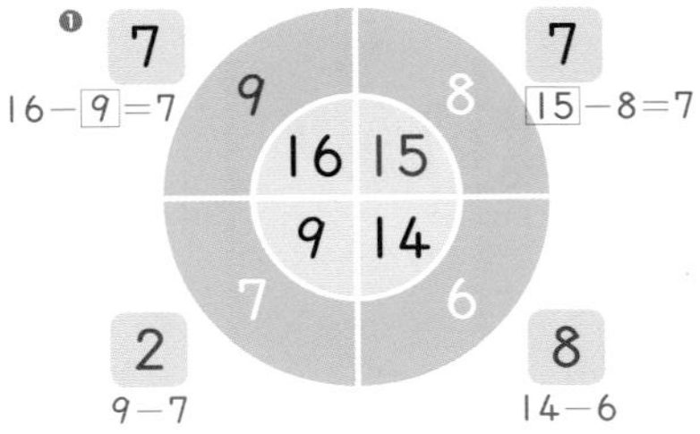

❷
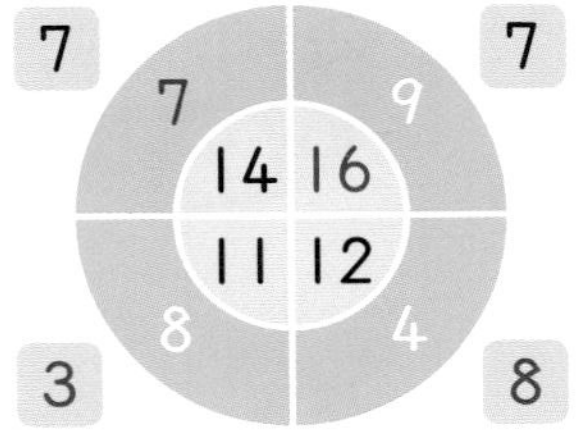

❸
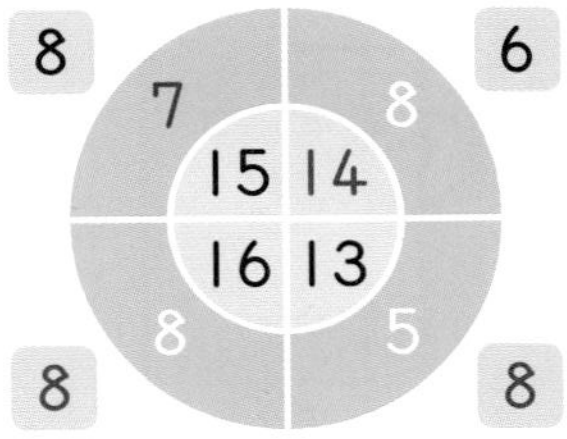

❹
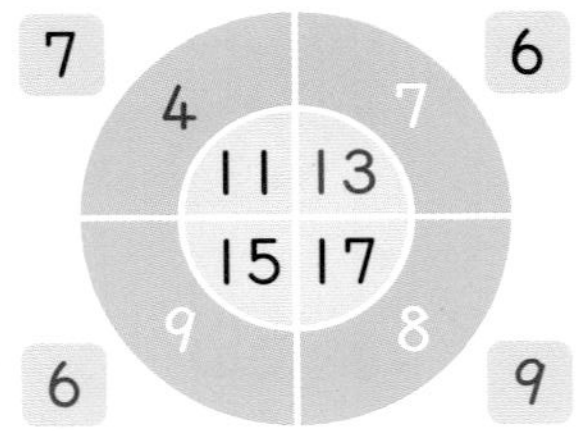

❺
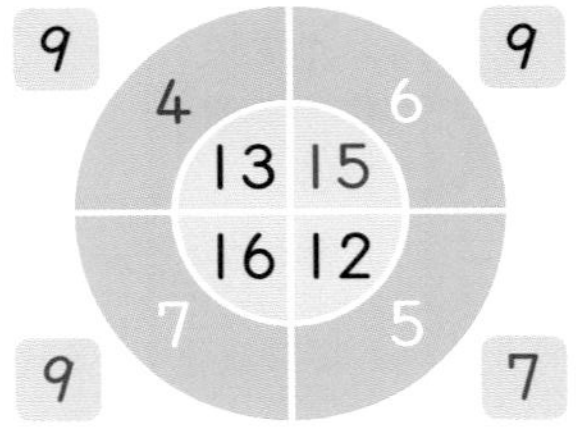

298 성문 막기

◐ 관계 있는 것끼리 선으로 이으시오.

(예) −4: 10, 12, 13 / 8, 9, 6
10−4=6
12−4=8
13−4=9

❶ −2: 11, 9, 10 / 9, 7, 8
11−2=9
9−2=7
10−2=8

❷ −6: 13, 15, 12 / 9, 7, 6
13−6=7
15−6=9
12−6=6

❸ −3: 11, 10, 12 / 9, 8, 7

❹ −5: 14, 11, 13 / 8, 6, 9

❺ −7: 13, 14, 12 / 7, 5, 6

❻ −8: 14, 11, 16 / 3, 6, 8

❼ −9: 13, 12, 17 / 8, 3, 4

❽ −4: 11, 12, 13 / 9, 7, 8

월 일

◑ ○ 안에 알맞은 수를 쓰고 나머지 선 두 개를 그으시오.

선으로 이어진 두 수를 이용하여 ○ 안의 수를 먼저 구합니다.

(예) −⑤: 11, 13, 12 / 6, 7, 8
13−⑤=8

❶ −②: 10, 11, 9 / 7, 9, 8
11−②=9

❷ −⑦: 14, 12, 16 / 9, 7, 5
16−⑦=9

❸ −④: 13, 12, 11 / 8, 7, 9

❹ −⑧: 12, 17, 15 / 9, 4, 7

❺ −③: 11, 12, 10 / 8, 9, 7

❻ −⑨: 16, 13, 15 / 6, 7, 4

❼ −⑥: 14, 11, 15 / 9, 8, 5

❽ −⑤: 14, 12, 10 / 5, 7, 9

299 역피라미드

◐ 아래의 수는 위 두 수의 차입니다.빈칸에 알맞은 수를 써넣으시오.

예시: 14 5 11 / 9 6 / 3
14−5, 11−5, 9−6

❶ 16 9 12 / 7 3 / 4
16−9, 12−9, 7−3

❷ 11 7 15 / 4 8 / 4
11−7, 15−7, 8−4

❸ 13 7 12 / 6 5 / 1

❹ 17 8 11 / 9 3 / 6

❺ 13 6 15 / 7 9 / 2

❻ 12 9 17 / 3 8 / 5

❼ 15 8 17 / 7 9 / 2

❽ 11 7 15 / 4 8 / 4

❾ 12 6 15 / 6 9 / 3

❿ 13 5 12 / 8 7 / 1

⓫ 14 9 12 / 5 3 / 2

월 일

◐ 아래의 수는 위 두 수의 차입니다. 빈칸에 알맞은 수를 써넣으시오.

예시: 8 3 7 / 5 4 / 1
8−3=5, 7−3=4, 5−4=1

❶ 11 5 12 / 6 7 / 1
11−5=6, 12−5=7, 7−6=1

❷ 9 4 12 / 5 8 / 3
9−4=5, 12−4=8, 8−5=3

❸ 12 5 11 / 7 6 / 1

❹ 13 5 12 / 8 7 / 1

❺ 11 3 12 / 8 9 / 1

❻ 11 4 13 / 7 9 / 2

❼ 13 6 14 / 7 8 / 1

❽ 9 3 11 / 6 8 / 2

❾ 16 7 15 / 9 8 / 1

❿ 11 5 14 / 6 9 / 3

⓫ 15 6 13 / 9 7 / 2

300 두 수 묶기

● 안의 수가 차가 되는 두 수를 찾아 ▭ 또는 ▯를 그리시오.

예) 5 — 14−9=5

14	9
7	15

❶ 4 — 11−7=4

11	6
7	12

❷ 6

7	14
15	9

❸ 9

4	18
12	9

❹ 3

12	6
9	14

❺ 8

13	5
6	15

❻ 7

5	14
15	8

❼ 2

12	9
5	11

월 일

● 안의 수가 차가 되는 두 수를 찾아 ▭ 또는 ▯를 그리시오.

예) 2 — 11−9=2

4	12	6
11	9	15

❶ 6 — 12−6=6

8	12	6
13	9	14

❷ 5

7	14	8
13	9	16

❸ 4

12	8	13
6	15	7

❹ 9

9	16	7
15	8	18

❺ 3

7	14	8
16	9	12

❻ 7

12	7	15
5	13	9

❼ 8

6	13	4
11	9	12

잘 공부했는지 알아봅시다

월 일

1 짝지은 두 수의 차를 구하여 빈칸에 써넣으시오.

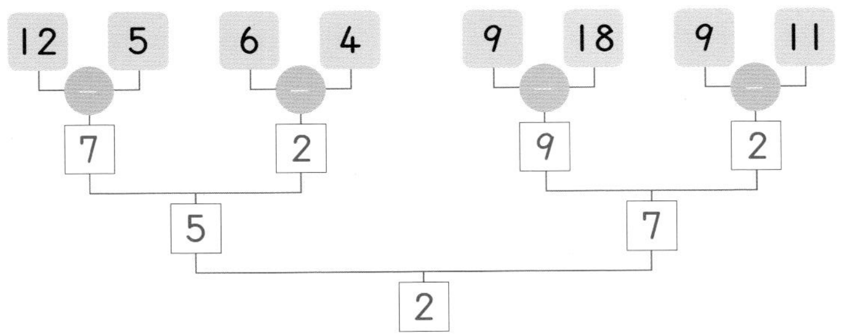

2 차가 7이 되는 두 수를 찾아 ○표 하시오.

11 3 15 7 (12) (5)

12−5=7

3 계산 결과가 큰 것부터 차례로 기호를 쓰시오. ㉣, ㉠, ㉡, ㉢

㉠ 12−4 =8 ㉡ 13−6 =7

㉢ 11−9 =2 ㉣ 16−7 =9

301 관계셈

월 일

◐ 덧셈식을 보고 뺄셈식을 두 개 만드시오.

7+6=13 → 13−6=7, 13−7=6

❶ 9+3=12 → 12−3=9, 12−9=3

❷ 8+7=15 → 15−7=8, 15−8=7

❸ 4+7=11 → 11−4=7, 11−7=4

◐ 뺄셈식을 보고 덧셈식을 두 개 만드시오.

13−5=8 → 5+8=13, 8+5=13

❹ 12−5=7 → 5+7=12, 7+5=12

❺ 15−6=9 → 6+9=15, 9+6=15

❻ 14−8=6 → 8+6=14, 6+8=14

덧셈식 (부분)+(부분)=(전체)를 (전체)−(한 부분)=(다른 부분)으로 하여 뺄셈식으로 나타낼 수 있습니다. 뺄셈식 (전체)−(한 부분)=(다른 부분)은 (부분)+(부분)=(전체)로 하여 덧셈식으로 나타낼 수 있습니다.

◐ 주어진 수를 사용하여 덧셈식과 뺄셈식을 각각 두 개씩 만드시오.

5 11 6: 5+6=11, 6+5=11, 11−5=6, 11−6=5

❶ 8 12 4: 4+8=12, 8+4=12, 12−4=8, 12−8=4

❷ 9 13 4: 4+9=13, 9+4=13, 13−4=9, 13−9=4

❸ 8 17 9: 8+9=17, 9+8=17, 17−8=9, 17−9=8

❹ 8 14 6: 6+8=14, 8+6=14, 14−6=8, 14−8=6

302 선잇기

◐ □ 안에 들어갈 수가 같은 것끼리 선으로 이으시오.

9+6=15 | 5 | 12−7=5
8+5=13 | 6 | 15−6=9
6+7=13 | 7 | 11−5=6

❶
9+□=12 | 4 | 13−□=9
7+□=11 | 8 | 11−□=8
8+□=16 | 3 | 14−□=6

❷
7+□=16 | 2 | 14−□=5
9+□=11 | 9 | 13−□=8
7+□=12 | 5 | 11−□=9

월 일

◐ □ 안에 들어갈 수가 같은 것끼리 선으로 이으시오.

11−4=7 | 14−5=9 | 13−7=6
8+5=13 | 7+7=14 | 8+4=12

❶
12−□=9 | 15−□=7 | 14−□=8
8+□=11 | 7+□=13 | 9+□=17

❷
17−□=8 | 13−□=8 | 11−□=9
6+□=11 | 4+□=13 | 8+□=10

303 두 색깔 양궁

◆ 화살이 ▭에 꽂히면 점수를 더하고, ▭에 꽂히면 점수를 뺍니다. 점수를 구하는 식을 쓰고 빈칸에 알맞은 수를 써넣으시오.

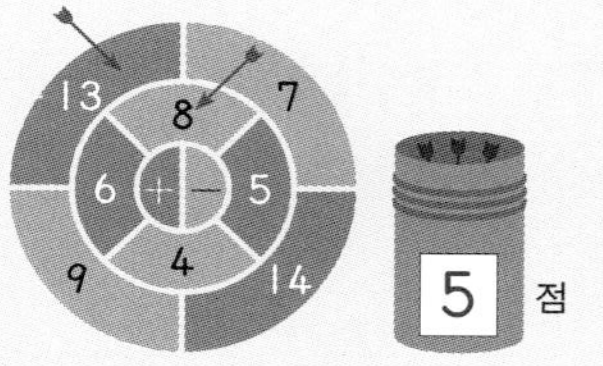

13−8=5

❶
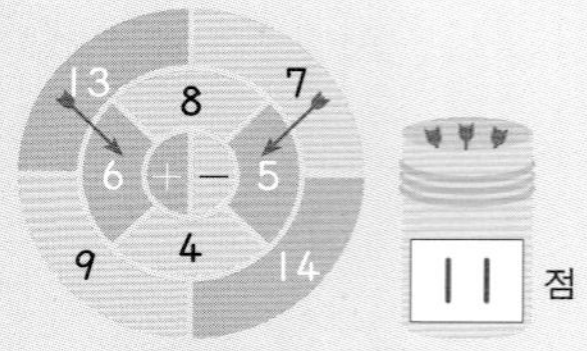

6+5=11

❷
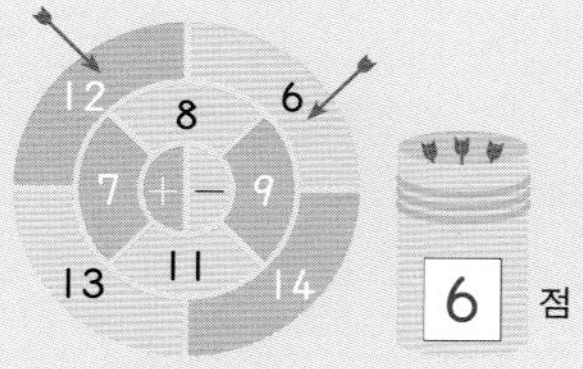

12−6=6

❸
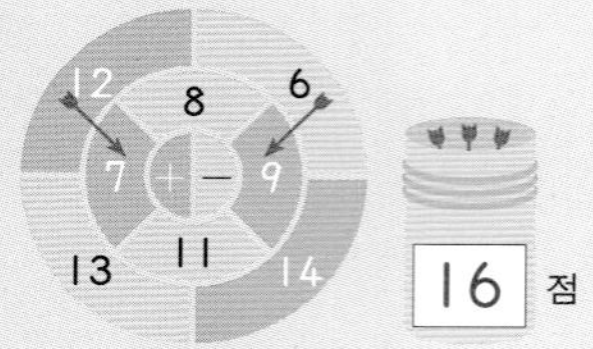

7+9=16

❹
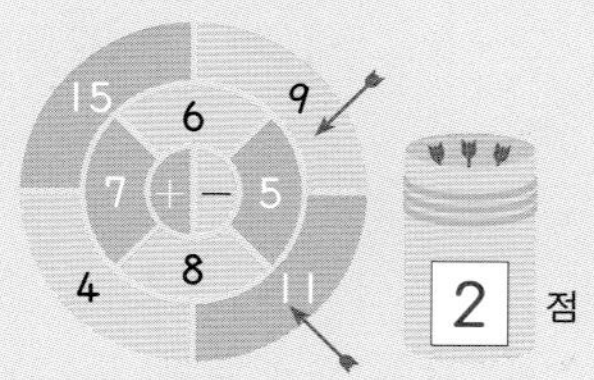

11−9=2

❺
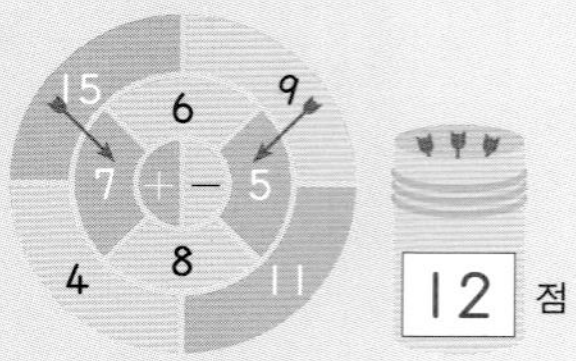

7+5=12

월 일

◆ 점수에 맞게 화살 두 개를 그리시오.

더하는 수와 빼는 수를 잘 구분합니다.

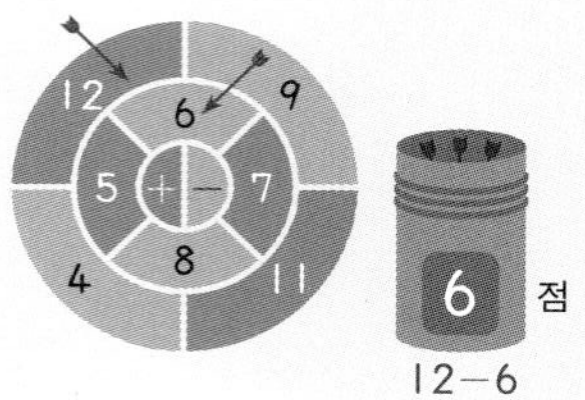

12−6

❶
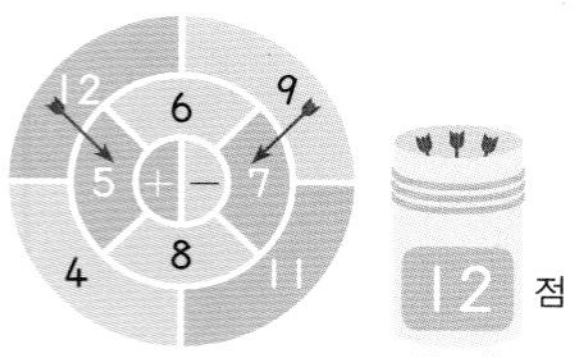

5+7

❷
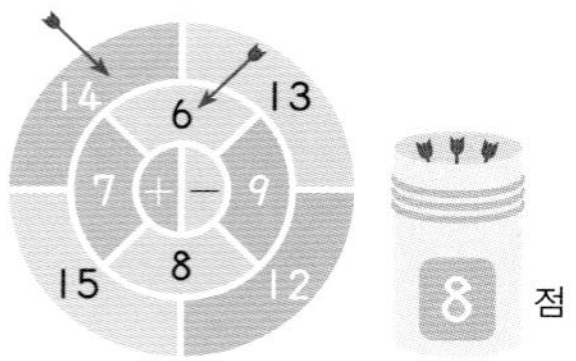

14−6

❸
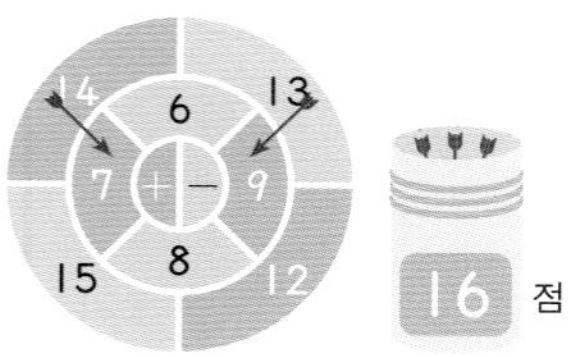

7+9

❹
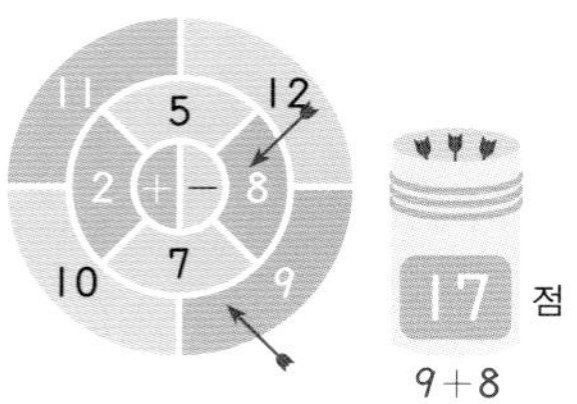

9+8

❺
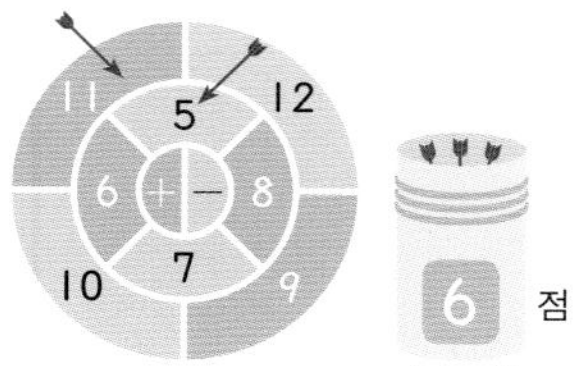

11−5

304 카드 관계셈

월 일

◐ 숫자 카드를 모두 사용하여 덧셈식 또는 뺄셈식을 완성하시오.

예시: 카드 3, 5, 1, 8 — $5 + 8 = 13$, $8 + 5 = 13$

❶ 카드 6, 5, 1, 9 — $15 - 6 = 9$, $15 - 9 = 6$

❷ 카드 1, 4, 8, 2 — $4 + 8 = 12$, $8 + 4 = 12$

❸ 카드 3, 1, 2, 9 — $12 - 3 = 9$, $12 - 9 = 3$

❹ 카드 9, 1, 7, 8 — $8 + 9 = 17$, $9 + 8 = 17$

❺ 카드 1, 6, 8, 4 — $14 - 6 = 8$, $14 - 8 = 6$

◐ 숫자 카드를 모두 사용하여 덧셈식과 뺄셈식을 각각 두 개씩 만들어 보시오.

예시: 카드 9, 6, 7, 1 — $7 + 9 = 16$, $9 + 7 = 16$, $16 - 7 = 9$, $16 - 9 = 7$

❶ 카드 1, 6, 7, 3 — $6 + 7 = 13$, $7 + 6 = 13$, $13 - 6 = 7$, $13 - 7 = 6$

❷ 카드 5, 7, 1, 2 — $5 + 7 = 12$, $7 + 5 = 12$, $12 - 5 = 7$, $12 - 7 = 5$

❸ 카드 4, 5, 9, 1 — $5 + 9 = 14$, $9 + 5 = 14$, $14 - 5 = 9$, $14 - 9 = 5$

잘 공부했는지 알아봅시다

월 일

1 □ 안에 공통으로 들어가는 수를 구하시오. 12

□−8=4이면
4+8=□입니다.

2 수 카드 15, 9, 6을 사용하여 덧셈식과 뺄셈식을 각각 두 개씩 만드시오.

6 + 9 = 15　　15 − 6 = 9
9 + 6 = 15　　15 − 9 = 6

3 두 개의 판에 화살을 쏘고 있습니다. 화살에 꽂힌 곳에 쓰여 있는 수만큼 동그라미 판에서는 점수를 얻고, 네모판에서는 점수를 잃습니다. 영민이와 진호 중 누가 더 높은 점수를 얻었습니까? 진호

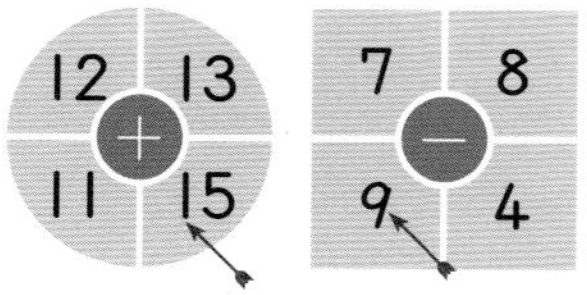

영민
15−9=6(점)

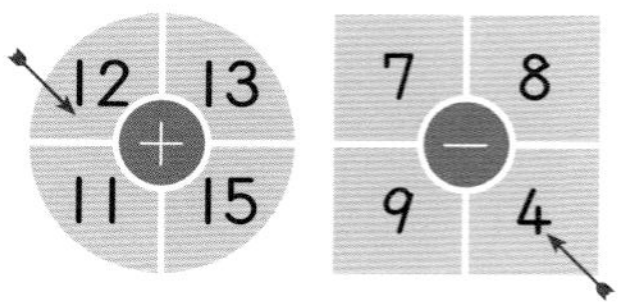

진호
12−4=8(점)

305 창문셈

월 일

◆ 덧셈, 뺄셈을 하여 빈칸에 알맞은 수를 써넣으시오.

(예시)

8	+	5	=	13
+				−
4				4
=				=
12	−	3	=	9

❶

11	−	2	=	9
−				+
4				3
=				=
7	+	5	=	12

❷

5	+	7	=	12
+				−
9				6
=				=
14	−	8	=	6

❸

12	−	6	=	6
−				+
7				8
=				=
5	+	9	=	14

❹

13	−	4	=	9
−				+
8				3
=				=
5	+	7	=	12

❺

6	+	5	=	11
+				−
8				3
=				=
14	−	6	=	8

◆ 빈칸에 알맞은 수 또는 +, −를 써넣으시오.

(예시)

7	+	6	=	13
+				−
8				7
=				=
15	−	9	=	6

❶

8	+	4	=	12
+				−
7				5
=				=
15	−	8	=	7

❷

13	−	7	=	6
−				+
9				5
=				=
4	+	7	=	11

❸

15	−	9	=	6
−				+
7				7
=				=
8	+	5	=	13

❹

5	+	9	=	14
+				−
7				7
=				=
12	−	5	=	7

❺

14	−	5	=	9
−				+
6				8
=				=
8	+	9	=	17

306 **써클셈**

월 일

◐ ○ 안에 알맞은 수를 써넣으시오.

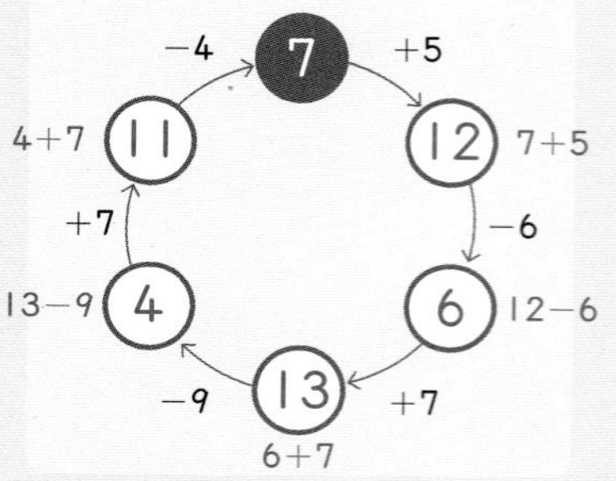

❶

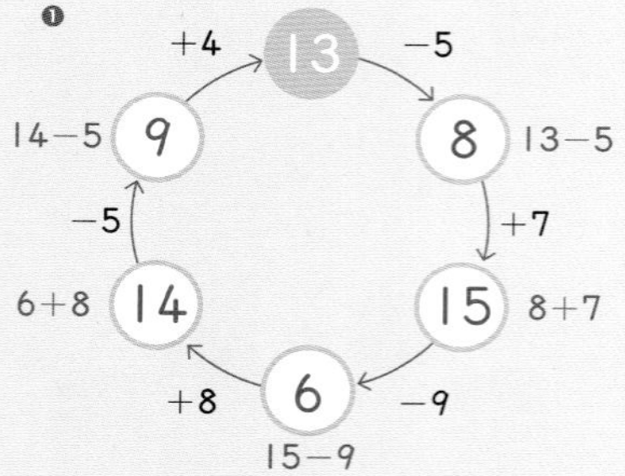

❷

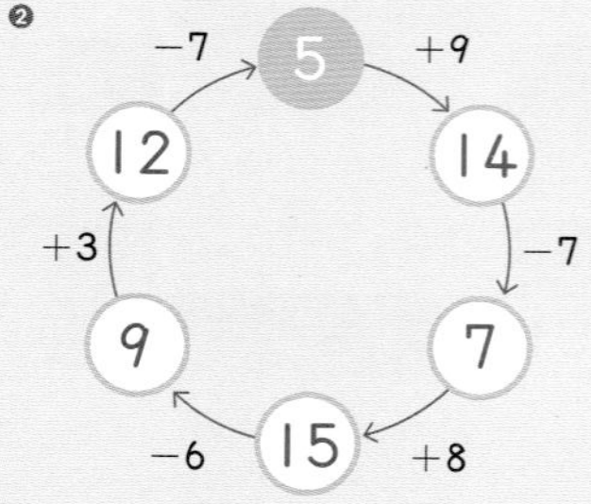

❸

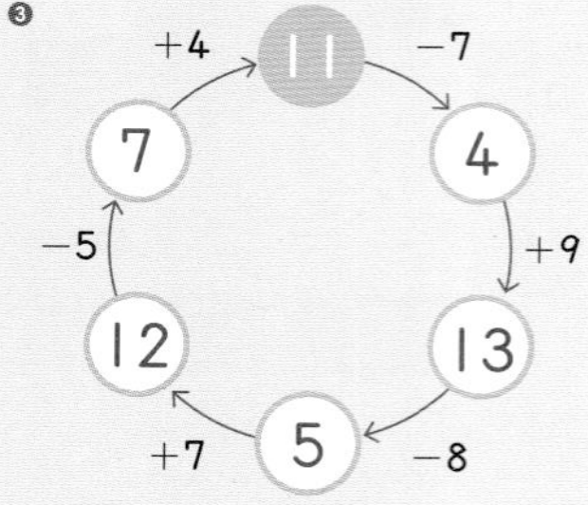

◑ 빈칸을 알맞게 채우시오.

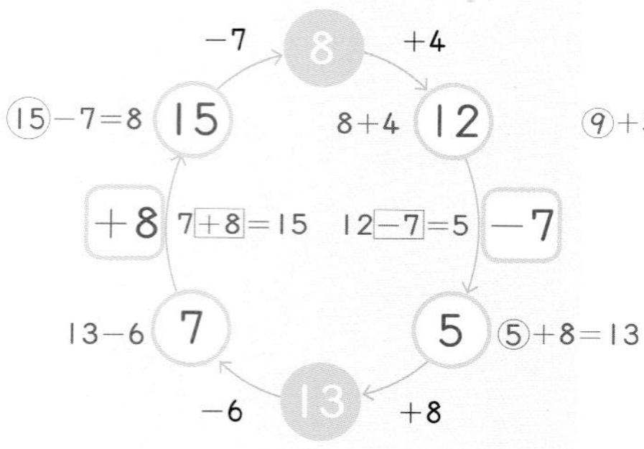

❶

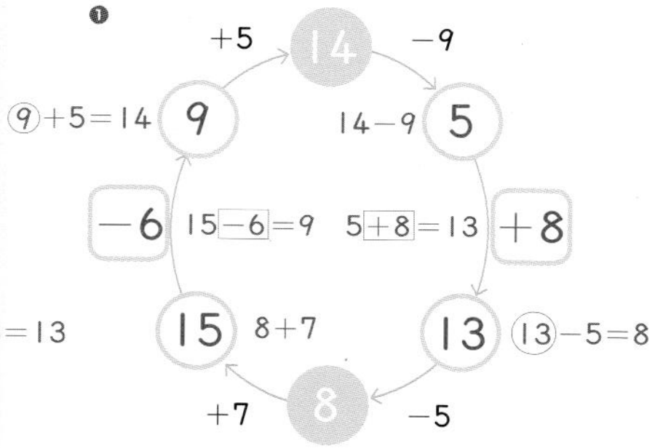

❷

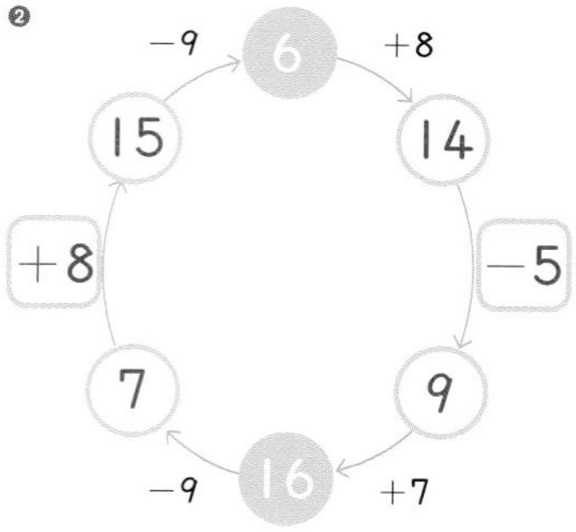

❸

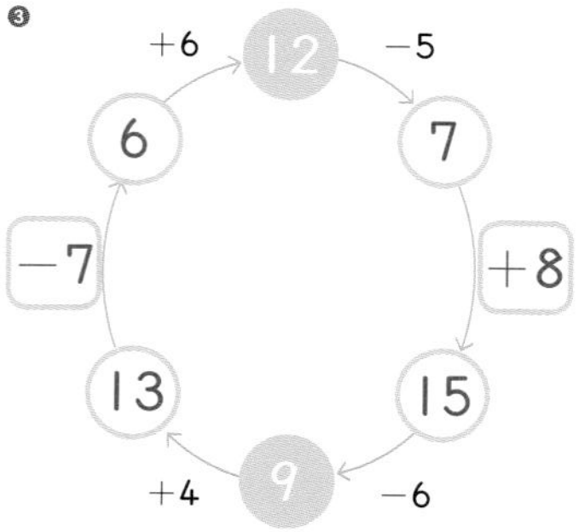

307 대소셈

◐ □ 안에 들어갈 수 있는 수에 모두 ○표 하시오.

6+□<13 — ①②③④⑤⑥ 7 8 9

6+1<13 6+2<13 6+3<13 6+4<13 6+5<13 6+6<13 6+7=13 6+8>13
7 8 9 10 11 12 13 14

❶ 5+□>11 — 1 2 3 4 5 6 ⑦⑧⑨

❷ 12−□<7 — 1 2 3 4 5 ⑥⑦⑧⑨

❸ 11−□>5 — ①②③④⑤ 6 7 8 9

❹ 3+□<11 — ①②③④⑤⑥⑦ 8 9

❺ 8+□>12 — 1 2 3 4 ⑤⑥⑦⑧⑨

❻ 13−□<9 — 1 2 3 4 ⑤⑥⑦⑧⑨

◐ 1에서 9까지의 수 중에서 □ 안에 들어갈 수 있는 수를 모두 쓰고, 가장 큰 수에 ○표 하시오.

8+□<14 — 1 2 3 4 ⑤

8+1<14 8+2<14 8+3<14 8+4<14 8+5<14 8+6=14
9 10 11 12 13 14

❶ 14−□>7 — 1 2 3 4 5 ⑥

❷ 9+□<17 — 1 2 3 4 5 6 ⑦

◐ 1에서 9까지의 수 중에서 □ 안에 들어갈 수 있는 수를 모두 쓰고, 가장 작은 수에 △표 하시오.

8+□>11 — 4(△) 5 6 7 8 9

❸ 13−□<7 — 7(△) 8 9

❹ 7+□>12 — 6(△) 7 8 9

308 합차 두 수

◐ 두 수의 합과 차를 빈칸에 써넣으시오.

	합	두 수		차
(예)	14	11	3	8
❶	16	9	7	2
❷	17	12	5	7
❸	13	8	5	3
❹	17	13	4	9
❺	15	8	7	1
❻	19	14	5	9
❼	15	9	6	3
❽	19	13	6	7
❾	13	7	6	1
❿	19	11	8	3
⓫	12	7	5	2

월 일

◑ 합과 차에 맞게 두 수를 구하여 큰 수부터 써넣으시오.

	합	두 수		차
(예)	11	8	3	5
❶	14	8	6	2
❷	19	12	7	5
❸	16	9	7	2
❹	18	13	5	8
❺	11	7	4	3
❻	18	11	7	4
❼	13	8	5	3
❽	18	12	6	6
❾	13	9	4	5
❿	17	11	6	5
⓫	11	6	5	1

(예) 합이 11이 되는 두 수를 찾으면 (10, 1), (9, 2), (8, 3), (7, 4), … 이 중 차가 5가 되는 것은 (8, 3)

❶ 합이 14가 되는 두 수를 찾으면 (10, 4), (9, 5), (8, 6), … 이 중 차가 2가 되는 것은 (8, 6)

잘 공부했는지 알아봅시다

월 일

1 □ 안에 들어갈 수 있는 수 중 가장 큰 수를 구하시오. 5

$$6+\square<12$$

$6+1<12$, $6+2<12$, $6+3<12$, $6+4<12$, $6+5<12$, $6+6=12$
$6+7>12$, $6+8>12$, …이므로 구하는 가장 큰 수는 5

2 같은 모양에는 같은 수가, 다른 모양에는 다른 수가 들어갑니다. 빈칸에 알맞은 수를 써넣으시오.

❶ $\boxed{7}+(4)=11$

$\boxed{7}-(4)=3$

합이 11, 차가 3인 두 수를 찾아봅니다.

❷ $\boxed{9}+(7)=16$

$\boxed{9}-(7)=2$

합이 16, 차가 2인 두 수를 찾아봅니다.

3 영빈이와 다혜는 수 카드를 1장씩 가지고 있습니다. 두 사람이 가진 카드에 적힌 수를 더하면 13이고, 영빈이가 가진 카드에 적힌 수에서 다혜가 가진 카드에 적힌 수를 빼면 3입니다. 영빈이와 다혜가 가진 수 카드에 적힌 수는 각각 얼마입니까?

합이 13이고, 차가 3인 두 수를 찾아봅니다. 영빈 : 8 다혜 : 5

309 사다리 타기

◐ 빈칸에 알맞은 수를 써넣으시오.

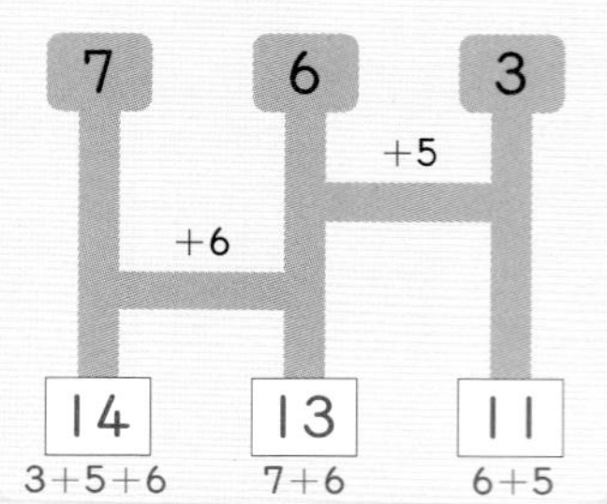

①
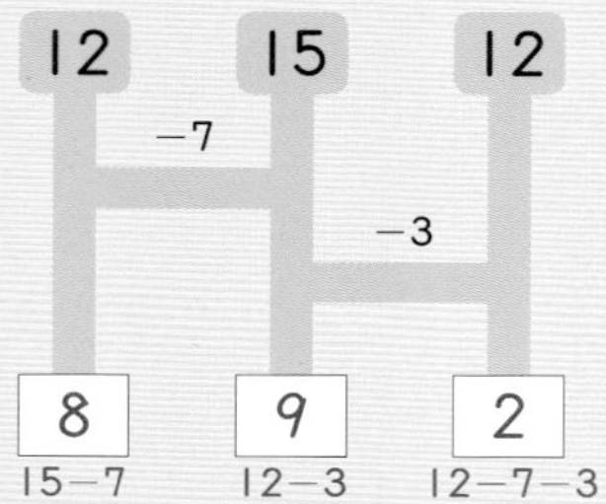

②
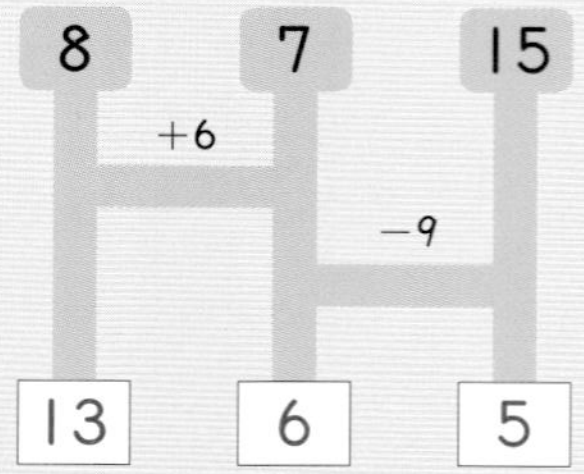

③
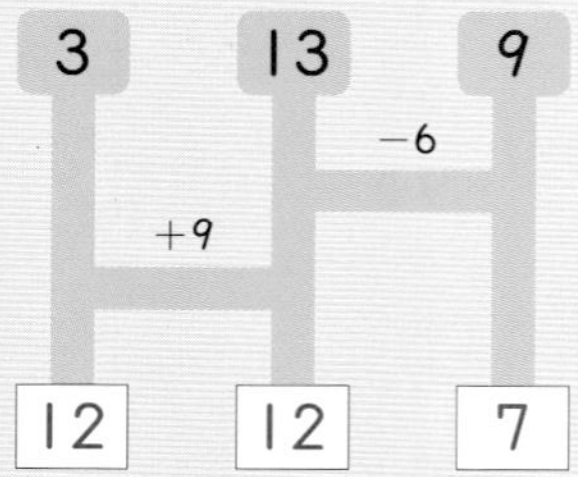

④
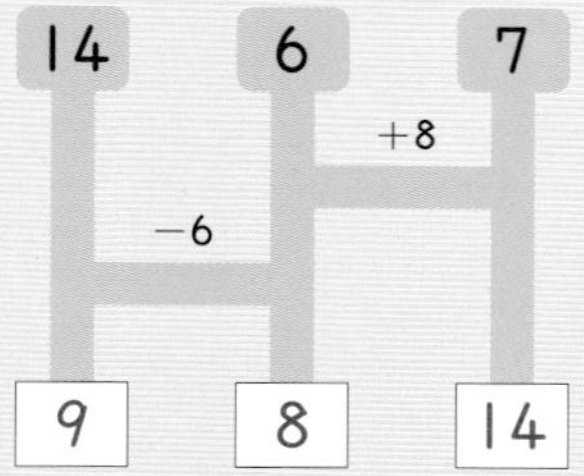

⑤
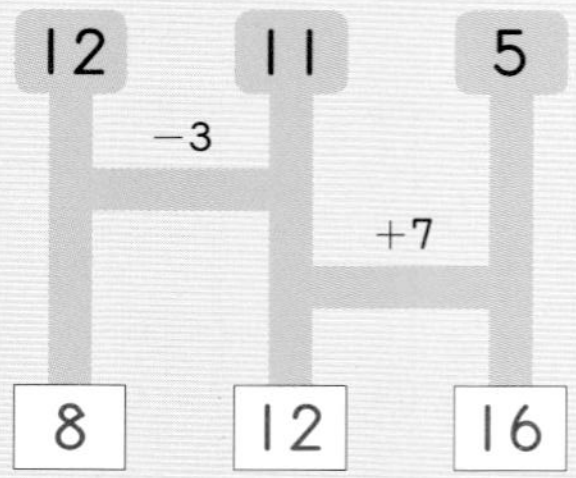

◑ 빈칸에 알맞은 수를 써넣으시오.

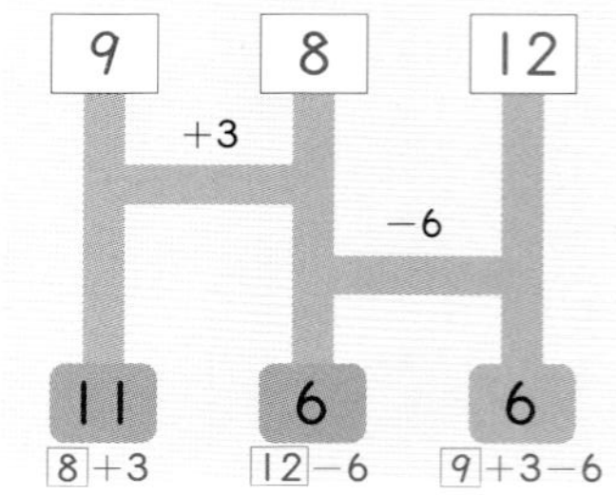

①
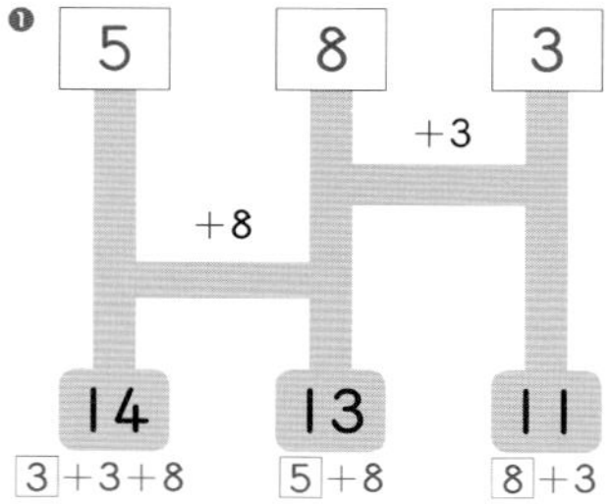

②
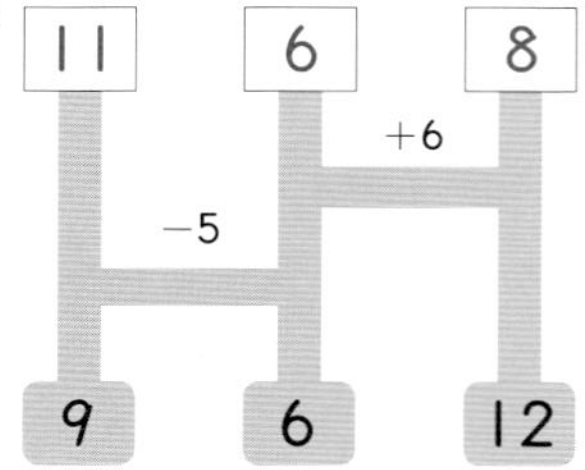

③
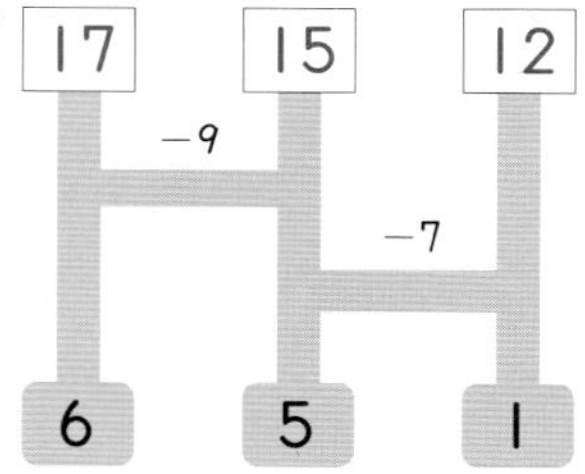

④
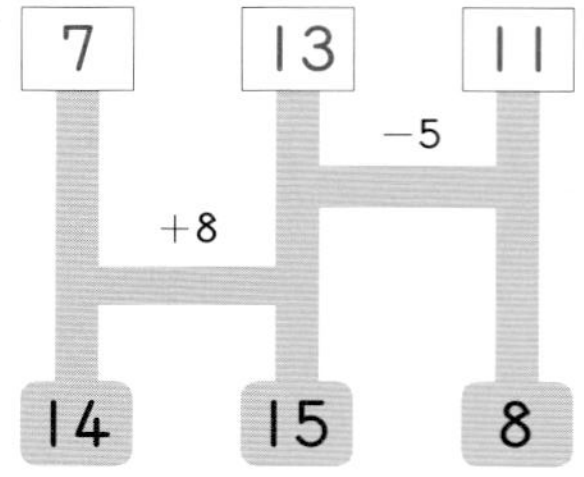

⑤
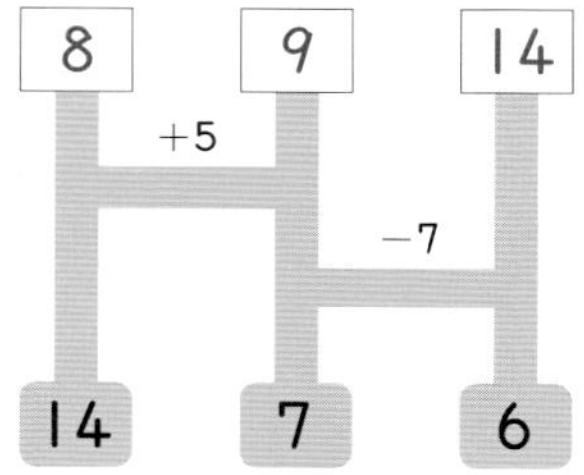

310 거꾸로셈

◐ 빈칸을 알맞게 채우시오.

(예) 9 →(+7)→ 16, 16 →(−7)→ 9

❶ 12 →(−5)→ 7, 7 →(+5)→ 12

❷ 8 →(+6)→ 14, 14 →(−6)→ 8

❸ 13 →(−9)→ 4, 4 →(+9)→ 13

❹ 6 →(+7)→ 13, 13 →(−7)→ 6

❺ 14 →(−7)→ 7, 7 →(+7)→ 14

❻ 4 →(+8)→ 12, 12 →(−8)→ 4

❼ 11 →(−8)→ 3, 3 →(+8)→ 11

❽ 5 →(+6)→ 11, 11 →(−6)→ 5

거꾸로 계산할 때 덧셈은 뺄셈으로, 뺄셈은 덧셈으로 바꾸어 계산합니다.

◑ 거꾸로 계산하여 빈칸에 알맞은 수를 써넣으시오.

(예) 7 →(+4)→ 11 →(−5)→ 6, 6 →(+5)→ 11 →(−4)→ 7

❶ 13 →(−9)→ 4 →(+7)→ 11, 11 →(−7)→ 4 →(+9)→ 13

❷ 15 →(−6)→ 9 →(+2)→ 11

❸ 9 →(+5)→ 14 →(−8)→ 6

❹ 8 →(+5)→ 13 →(−4)→ 9

❺ 11 →(−6)→ 5 →(+9)→ 14

❻ 14 →(−7)→ 7 →(+6)→ 13

❼ 6 →(+7)→ 13 →(−6)→ 7

❽ 9 →(+4)→ 13 →(−7)→ 6

❾ 17 →(−9)→ 8 →(+8)→ 16

311 수직선

◐ 수직선을 보고 빈칸에 알맞은 수를 써넣으시오.

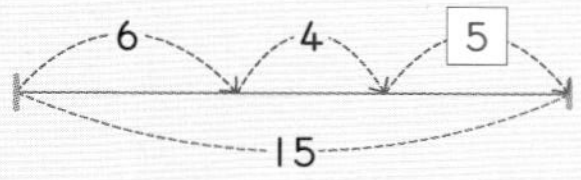

6+4+[5]=15

❶
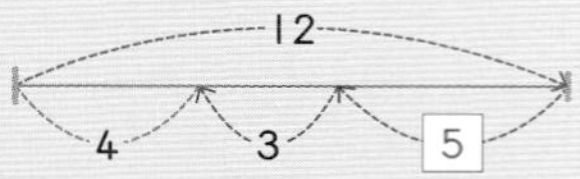

12−[5]−3=4

❷
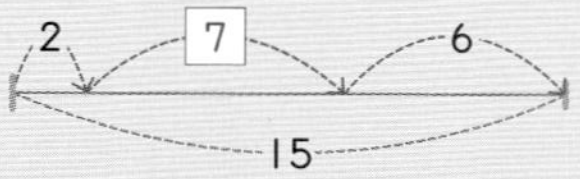

2+[7]+6=15

❸
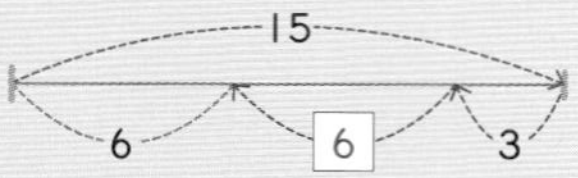

15−3−[6]=6

❹
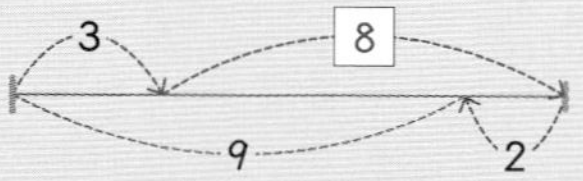

3+[8]−2=9

❺
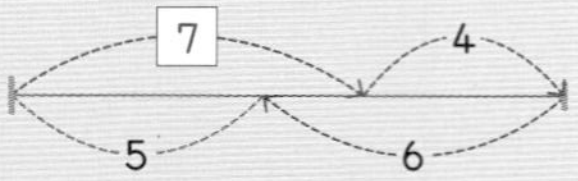

[7]+4−6=5

월 일

◐ □ 안에 알맞은 수를 써넣으시오.

7+1+[7]=15

❶ 15−3−[4]=8

❷ 9+[4]+3=16

❸ 12−[7]−2=3

❹ [6]+3+9=18

❺ [16]−7−2=7

❻ 7+[6]−8=5

❼ 13−7+[8]=14

❽ 8+4−[6]=6

❾ 15−[9]+7=13

❿ [3]+9−5=7

⓫ [12]−4+9=17

⓬ 6+8−[7]=7

⓭ 14−5+[3]=12

연산자

◐ 계산에 맞게 선을 그으시오.

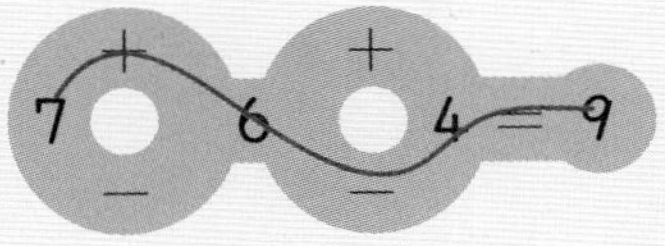

7+6−4=9

❶
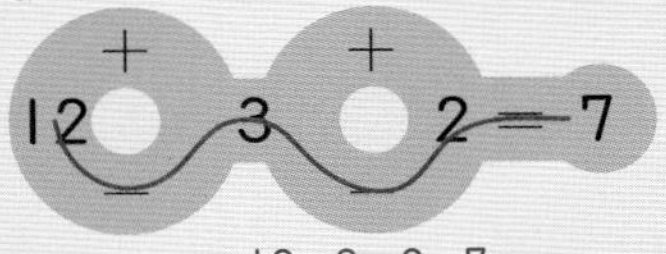

12−3−2=7

❷
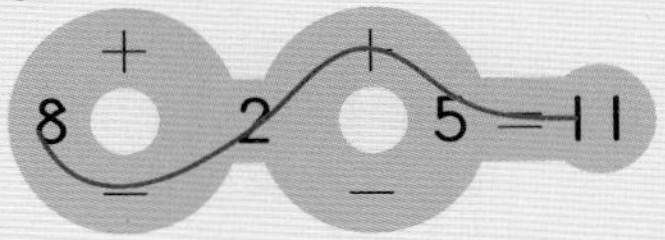

❸
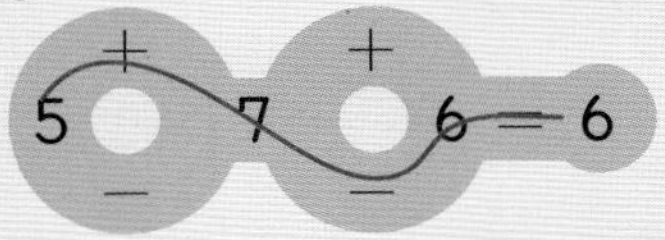

❹
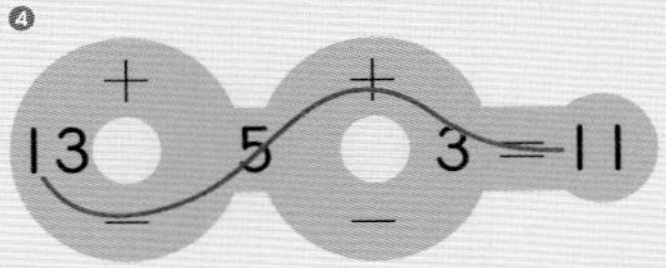

❺
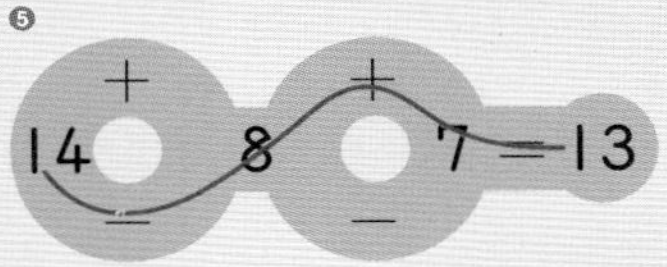

❻
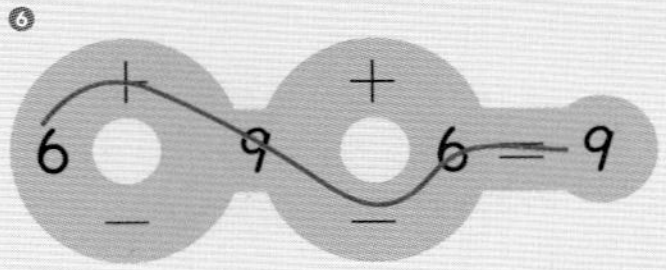

❼
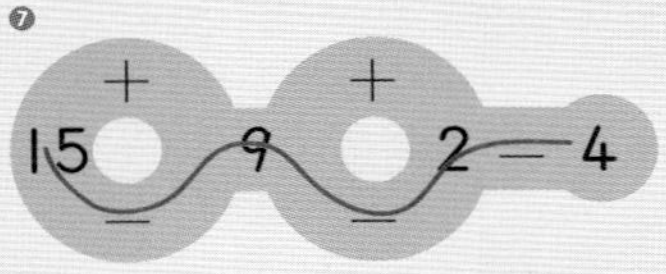

◈ 계산에 맞게 ○ 안에 + 또는 −를 넣으시오.

4 (+) 7 (−) 3=8

❶ 9 (+) 2 (+) 5=16

❷ 11 (−) 6 (+) 8=13

❸ 5 (+) 9 (−) 7=7

❹ 13 (−) 4 (−) 3=6

❺ 2 (+) 5 (+) 6=13

❻ 8 (+) 4 (−) 7=5

❼ 11 (−) 3 (+) 9=17

❽ 7 (+) 2 (+) 5=14

❾ 5 (+) 6 (−) 8=3

❿ 13 (−) 7 (+) 6=12

⓫ 17 (−) 8 (−) 5=4

⓬ 9 (+) 7 (−) 8=8

⓭ 12 (−) 4 (+) 9=17

잘 공부했는지 알아봅시다

월 일

1 합이 10인 두 수를 사용하여 덧셈식을 만들고, 나머지 세 수의 합을 구하시오.

3 2 5 7 9

10 만들기	합 구하기
3+7=10	2+5+9=16

더하는 수의 순서는 바꾸어 써도 됩니다.

2 관계 있는 것끼리 선으로 이으시오.

13　9+3+1 ─ 12−4+5　13

7　12−3−2 ─ 14−9+2　7

4　6+7−9 ─ 15−7−4　4

각각 계산한 후 계산 결과가 같은 것끼리 선을 연결합니다.

3 계산에 맞게 ◯ 안에 +또는 −를 써넣으시오.

❶ 5 (+) 7 (−) 4=8

❷ 11 (−) 7 (+) 9=13

313

모양셈

◐ 같은 모양은 같은 숫자, 다른 모양은 다른 숫자입니다. 빈칸을 채우시오.

(예시)
7 + 9 = (16)
(16) − 8 + 5 = [13]
[13] − 7 = ◇6◇

❶
12 − 4 = (8)
13 − (8) − 1 = [4]
[4] + 9 = ◇13◇

❷
8 + 4 = (12)
(12) − 3 + 7 = [16]
[16] − 7 = ◇9◇

❸
11 − 5 = (6)
13 − (6) + 8 = [15]
[15] − 9 = ◇6◇

❹
9 + 6 = (15)
(15) − 6 + 3 = [12]
[12] − 4 = ◇8◇

❺
13 − 6 = (7)
4 + (7) − 3 = [8]
9 + [8] = ◇17◇

월 일

◐ ◆가 나타내는 수는 얼마입니까?

(예시)
4 + 7 = ♣ (11)
♣(11) − 3 + 6 = ♠ (14)
♠(14) − 9 = ◆ (5)
◆ = [5]

❶
12 − 6 = ♣ (6)
8 + ♣(6) − 7 = ♠ (7)
♠(7) + 9 = ◆ (16)
◆ = [16]

❷
11 − 7 = ♣
♣ + 9 − 6 = ♠
♠ + 8 = ◆
◆ = [15]

❸
9 + 7 = ♣
♣ − 8 + 4 = ♠
♠ − 7 = ◆
◆ = [5]

❹
13 − 4 = ♣
15 − ♣ + 7 = ♠
♠ − 5 = ◆
◆ = [8]

❺
6 + 6 = ♣
♣ − 7 + 8 = ♠
♠ − 9 = ◆
◆ = [4]

314 식 완성

월 일

◆ 다음 중 두 수를 사용하여 식을 완성하시오.

6 + [5] − [2] = 9 (2 5 8)

1. 7 + [4] − [9] = 2 (3 4 9)
2. 8 + [6] − [7] = 7 (6 7 9)
3. 7 − [1] + [6] = 12 (5 1 6)
4. 6 + [5] − [3] = 8 (5 2 3)
5. 9 + [2] − [8] = 3 (2 8 4)
6. 15 − [7] + [4] = 12 (3 4 7)
7. 16 − [9] + [5] = 12 (5 7 9)
8. 5 + [8] − [6] = 7 (4 8 6)
9. 9 + [3] − [7] = 5 (7 4 3)

◆ 주어진 수를 한 번씩 사용하여 식을 완성하시오.

더하는 두 수의 순서를 바꾸어도 정답입니다.

[9] − [1] + [4] = 12 (1 4 9)
[4] − [1] + [9] = 12

1. [11] − [3] + [7] = 15 (3 7 11)
   [7] − [3] + [11] = 15
2. [8] + [6] − [5] = 9 (8 5 6)
   [6] + [8] − [5] = 9
3. [4] + [8] − [9] = 3 (4 8 9)
   [8] + [4] − [9] = 3
4. [13] − [4] + [8] = 17 (4 8 13)
5. [13] − [4] + [5] = 14 (4 5 13)
6. [2] + [9] − [8] = 3 (2 8 9)
7. [11] + [4] − [9] = 6 (11 4 9)
8. [9] − [3] + [8] = 14 (9 3 8)
9. [12] − [6] + [7] = 13 (7 6 12)

315 겹쳐진 거리

◐ 수직선을 보고 빈칸에 알맞은 수를 써넣으시오.

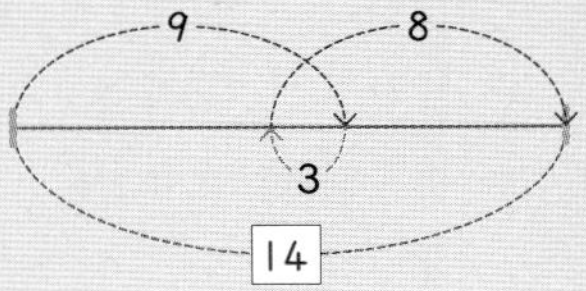

9−3+8= 14

❶
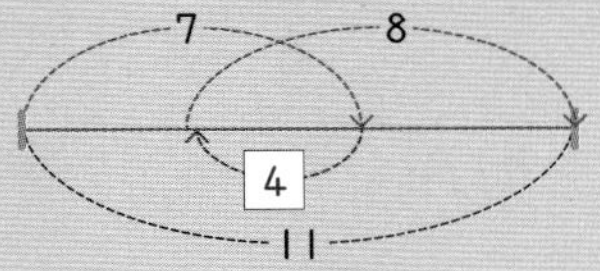

7− 4 +8=11

❷
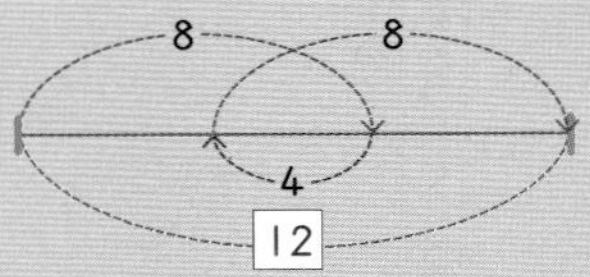

8−4+8= 12

❸
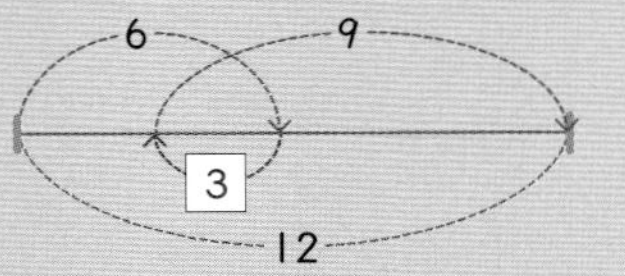

6− 3 +9=12

❹
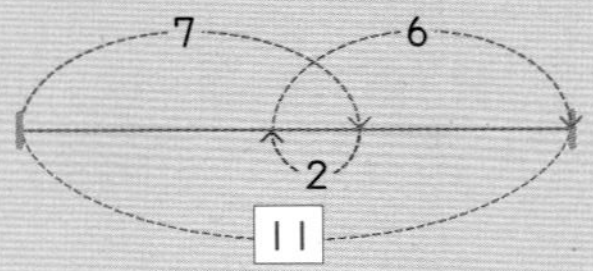

7−2+6= 11

❺
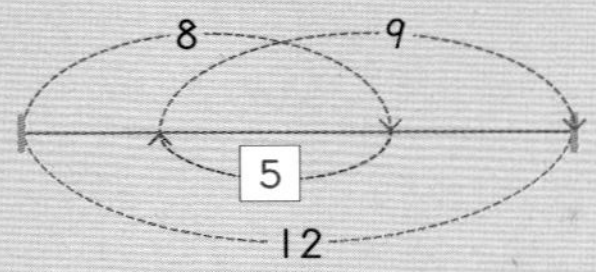

8− 5 +9=12

수직선에서 오른쪽으로 이동할 때는 덧셈, 왼쪽으로 이동할 때는 뺄셈입니다.

◑ □ 안의 알맞은 수를 구하는 식을 쓰고, 빈칸에 알맞은 수를 써넣으시오.

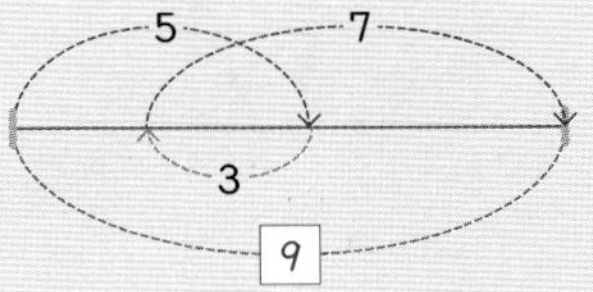

5−3+7=9

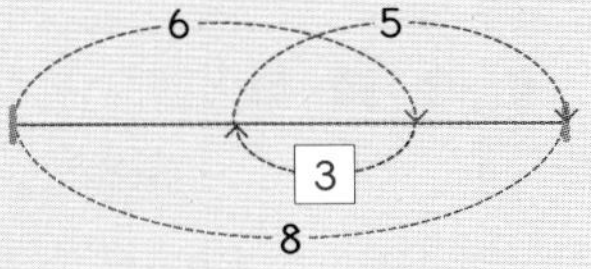

6−□+5=8, □=3

❶
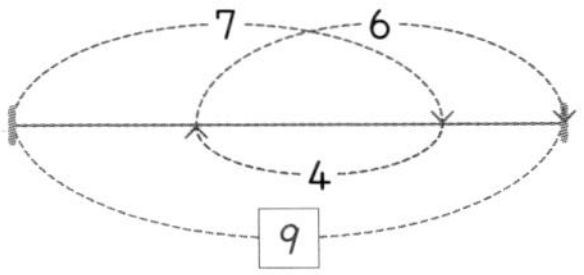

7−4+6=9

❷
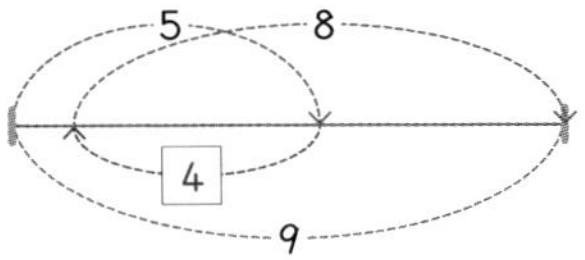

5−□+8=9, □=4

❸
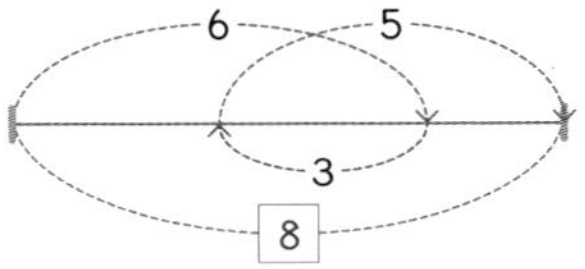

6−3+5=8

❹
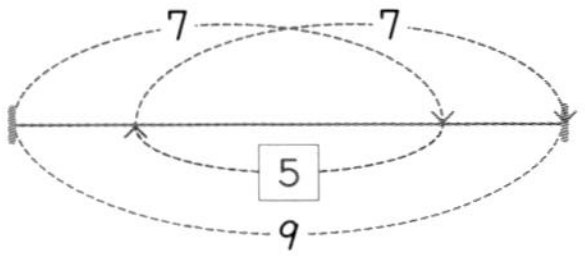

7−□+7=9, □=5

316 약속셈

● 약속에 맞게 계산한 것입니다. 빈칸에 알맞은 수를 써넣으시오.

약속: ■⊙●=■+●+●

4⊙5=4+[5]+5
=[14]

7⊙2=7+2+[2]
=[11]

❶ 약속: ■◈●=■−●+■

8◈3=8−[3]+8
=[13]

9◈3=9−3+[9]
=[15]

❷ 약속: ■⊡●=■−●−●

13⊡4=13−[4]−4
=[5]

15⊡6=15−6−[6]
=[3]

❸ 약속: ■◬●=■+■+●

3◬9=3+[3]+9
=[15]

4◬8=4+4+[8]
=[16]

월 일

● 약속에 맞게 계산하시오.

약속: ■⊙●=■+●+●

5⊙3=[11] 5+3+3

6⊙3=[12] 6+3+3

❶ 약속: ■◈●=■−●+■

8◈2=[14] 8−2+8

6◈1=[11] 6−1+6

❷ 약속: ■⊡●=■−●−●

14⊡5=[4] 14−5−5

16⊡7=[2] 16−7−7

❸ 약속: ■◬●=■+■+●

2◬9=[13] 2+2+9

3◬8=[14] 3+3+8

❹ 약속: ■▽●=■−●+7

13▽5=[15] 13−5+7

11▽6=[12] 11−6+7

❺ 약속: ■⊙●=■+●+●

8⊙3=[14] 8+3+3

9⊙2=[13] 9+2+2

잘 공부했는지 알아봅시다

월 일

1 ◆가 나타내는 수는 얼마입니까?

7 + 5 = ♣ (12)

♣ (12) − 9 + 4 = ♠ (7)

♠ (7) + 8 − 6 = ◆ (9)

◆ = 9

2 다음 중 두 수를 사용하여 식을 완성하시오.

5 13 11 6

11 − 4 − 5 = 2

3 □ 안의 알맞은 수를 구하는 식을 쓰고, 빈칸에 알맞은 수를 써넣으시오.

❶

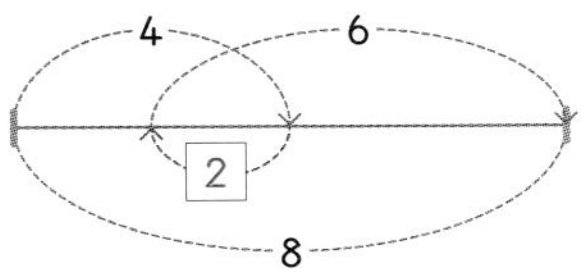

4−□+6=8, □=2

❷

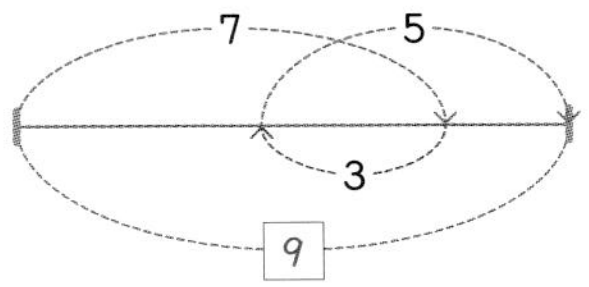

7−3+5=9

317 한 식 문장제

◆ □ 안에 알맞은 수를 써넣어 식을 완성하시오.

배구공이 9개, 농구공이 9개 있습니다. 공은 모두 몇 개 있습니까?

식 : 9 + 9 = 18 (개)

❶ 민주는 칭찬 붙임 딱지를 6개 가지고 있습니다. 소희는 민주보다 5개 더 가지고 있습니다. 소희가 가지고 있는 칭찬 붙임 딱지는 몇 개입니까?

식 : 6 + 5 = 11 (개)

❷ 종이학을 태희는 5개, 민수는 7개 모았습니다. 두 사람이 모은 종이학은 모두 몇 개입니까?

식 : 5 + 7 = 12 (개)

❸ 어제는 동화책을 9쪽까지 읽었습니다. 오늘은 13쪽을 읽었습니다. 오늘은 어제보다 몇 쪽 더 많이 읽었습니까?

식 : 13 - 9 = 4 (쪽)

❹ 슬기는 8살이고, 언니는 14살입니다. 언니는 슬기보다 몇 살이 더 많습니까?

식 : 14 - 8 = 6 (살)

월 일

◆ 알맞은 식과 답을 쓰시오.

오렌지가 4개, 사과가 8개 있습니다. 과일은 모두 몇 개 있습니까?

식 : 4+8=12 답 : 12 개

❶ 민우는 어제 윗몸일으키기를 6번 하였습니다. 오늘은 어제보다 8번 더 하였습니다. 민우는 오늘 윗몸일으키기를 몇 번 하였습니까?

식 : 6+8=14 답 : 14 번

❷ 과일 가게에서 자두를 7개, 복숭아를 4개 팔았습니다. 과일을 모두 몇 개 팔았습니까?

식 : 7+4=11 답 : 11 개

❸ 꽃 가게에 백합이 13송이 있었는데, 그중 4송이를 팔았습니다. 남은 백합은 몇 송이입니까?

식 : 13−4=9 답 : 9 송이

❹ 재호는 공깃돌을 9개 가지고 있고, 슬기는 15개 가지고 있습니다. 슬기는 재호보다 공깃돌을 몇 개 더 가지고 있습니까?

식 : 15−9=6 답 : 6 개

318 □ 문장제

◐ 밑줄 친 조건을 □로 나타내어 알맞은 식을 쓰시오.

양계장의 닭들이 어제는 달걀을 7개 낳았고, 오늘은 몇 개를 더 낳아서 모두 12개가 되었습니다.

식 : 7+□=12

❶ 교실에 여학생 몇 명과 남학생 4명이 있어 모두 13명입니다.

식 : □+4=13

❷ 진호는 공깃돌 8개를 가지고 있었는데 누나가 몇 개를 더 주어 모두 13개가 되었습니다.

식 : 8+□=13

❸ 진우네 농장에는 토끼 몇 마리와 햄스터 5마리를 키웁니다. 토끼는 햄스터보다 7마리가 더 많습니다.

식 : □−5=7

❹ 호종이는 구슬을 14개 가지고 있었습니다. 동생에게 몇 개를 주고 세어 보니 8개가 남았습니다.

식 : 14−□=8

월 일

◑ □를 사용한 식을 쓰고 답을 구하시오.

과일 가게에서 참외를 4개, 키위를 몇 개 팔아 과일을 모두 11개 팔았습니다. 키위는 몇 개 팔았습니까?

식 : 4+□=11 답 : 7 개

❶ 철호는 과학책을 6쪽까지 읽었습니다. 오늘은 몇 쪽을 더 읽어 14쪽까지 읽었습니다. 오늘은 몇 쪽을 읽었습니까?

식 : 6+□=14 답 : 8 쪽

❷ 선우는 9년 후에 15살이 됩니다. 선우는 올해 몇 살입니까?

식 : □+9=15 답 : 6 살

❸ 민주는 종이학을 몇 개 가지고 있었는데 그중에서 4개를 민주에게 주었더니 9개가 남았습니다. 민주는 종이학을 몇 개 가지고 있었습니까?

식 : □−4=9 답 : 13 개

❹ 어제 우리에 고슴도치가 16마리 있었는데 오늘 몇 마리가 달아나 9마리가 되었습니다. 달아난 고슴도치는 몇 마리입니까?

식 : 16−□=9 답 : 7 마리

319 세 수 문장제

◐ □ 안에 알맞은 수를 쓰고 물음에 맞는 식을 완성하시오.

어머니께서 초콜릿 7개를 사오셨고, 아버지께서 어머니보다 2개 더 많이 사오셨습니다. 어머니와 아버지께서 사오신 초콜릿은 모두 몇 개입니까?

식 : 7 + 7 + 2 = 16 (개)
(어머니: 7, 아버지: 7 + 2)

❶ 버스에 13명이 타고 있었는데 첫 번째 정류장에서 5명이 내리고, 두 번째 정류장에서 6명이 내렸습니다. 버스에 타고 있는 사람은 모두 몇 명입니까?

식 : 13 − 5 − 6 = 2 (명)

❷ 빨간색 색종이가 7장 있고, 노란색 색종이는 6장, 파란색 색종이는 2장 있습니다. 색종이는 모두 몇 장입니까?

식 : 7 + 6 + 2 = 15 (장)

❸ 한 상자에 초코파이가 12개 들어 있습니다. 건희가 4개, 미애가 2개를 먹었습니다. 남은 초코파이는 모두 몇 개입니까?

식 : 12 − 4 − 2 = 6 (개)

❹ 선재는 빨간색 구슬을 8개, 파란색 구슬을 6개 가지고 있었습니다. 누나에게 구슬 5개를 주었습니다. 선재에게 남은 구슬은 모두 몇 개입니까?

식 : 8 + 6 − 5 = 9 (개)

월 일

◐ 알맞은 식과 답을 쓰시오.

학급 문고를 만들기 위해 책을 모았습니다. 어제는 3권을 모았고, 오늘은 어제보다 6권을 더 모았습니다. 모두 몇 권이 되었습니까?

식 : 3+3+6=12　답 : 12 권

❶ 연필을 현우는 2자루, 민주는 7자루, 소연이는 8자루를 모았습니다. 세 사람이 모은 연필은 모두 몇 자루입니까?

식 : 2+7+8=17　답 : 17 자루

❷ 고리 던지기 놀이를 하여 유진이는 고리를 4개 던졌고, 선영이는 유진이보다 3개 더 많이 고리를 던졌습니다. 두 사람이 던진 고리는 모두 몇 개입니까?

식 : 4+4+3=11　답 : 11 개

❸ 교실에 여학생 9명과 남학생 7명이 있었습니다. 그중 8명이 운동장에 나갔습니다. 교실에 있는 학생은 모두 몇 명입니까?

식 : 9+7−8=8　답 : 8 명

❹ 냉장고에 사과가 6개 있었습니다. 이 중 3개를 먹고, 다시 사과 8개를 사서 냉장고에 넣었습니다. 냉장고에 있는 사과는 모두 몇 개입니까?

식 : 6−3+8=11　답 : 11 개

320 어떤 수 구하기

◐ □를 사용한 식으로 나타내시오.

어떤 수에 7을 더하였더니 15가 되었습니다.

식 : □+7=15

❶ 어떤 수에 5를 더하였더니 11이 되었습니다.

식 : □+5=11

❷ 8에 어떤 수를 더하였더니 17이 되었습니다.

식 : 8+□=17

❸ 4에 어떤 수를 더하였더니 11이 되었습니다.

식 : 4+□=11

❹ 13에서 어떤 수를 뺐더니 7이 되었습니다.

식 : 13−□=7

❺ 11과 어떤 수의 차는 2입니다. 단, 어떤 수는 11보다 작습니다.

식 : 11−□=2

❻ 어떤 수에서 4를 뺐더니 9가 되었습니다.

식 : □−4=9

◐ 어떤 수를 구하고, 물음에 답하시오.

어떤 수에 7을 더해야 할 것을 잘못 하여 9를 더하였더니 13이 되었습니다. 바르게 계산하면 얼마입니까?

어떤 수 : □+9=13, □=4

계산하기 : 4+7=11

❶ 어떤 수와 8의 합은 16입니다. 어떤 수에 9를 더하면 얼마입니까?

어떤 수 : □+8=16, □=8

계산하기 : 8+9=17

❷ 어떤 수에 5를 더해야 할 것을 잘못 하여 8을 더하였더니 15가 되었습니다. 바르게 계산하면 얼마입니까?

어떤 수 : □+8=15, □=7

계산하기 : 7+5=12

❸ 어떤 수에 6을 더해야 할 것을 잘못 해서 뺐더니 3이 되었습니다. 바르게 계산하면 얼마입니까?

어떤 수 : □−6=3, □=9

계산하기 : 9+6=15

❹ 어떤 수에서 4를 빼야 할 것을 잘못 하여 8을 뺐더니 3이 되었습니다. 바르게 계산하면 얼마입니까?

어떤 수 : □−8=3, □=11

계산하기 : 11−4=7

잘 공부했는지 알아봅시다

월　일

1 진우는 공깃돌 7개를 가지고 있었는데 누나가 6개를 더 주었습니다. 진우가 가지고 있는 공깃돌은 모두 몇 개입니까?

식 : 7+6=13　답 : 13 개

2 어제 초콜릿이 15개 들어있었는데 오늘 상자를 열어보니 초콜릿이 8개 남아있습니다. 어제 먹은 초콜릿은 몇 개입니까?

식 : 15−8=7　답 : 7 개

3 승수는 종이학을 14마리 접었습니다. 승수는 지호보다 5마리를 더 접었다고 합니다. 지호가 접은 종이학은 몇 마리인지 □를 사용한 식으로 나타내시오.

지호가 접은 종이학의 수를 □라 놓습니다.
□+5=14
(□: 지호, 14: 승수)

식 : □+5=14

4 빨간색 구슬이 7개, 파란색 구슬이 8개 있습니다. 노란색 구슬이 빨간색 구슬과 파란색 구슬을 더한 것보다 4개 적다면 노란색 구슬은 몇 개입니까? 11개

식 : 7+8−4=11　답 : 11개

5 어떤 수에 4를 더해야 할 것을 잘못하여 뺐더니 5가 되었습니다. 바르게 계산한 답을 구하시오. 13

어떤 수를 □라 하면 □−4=5, □=9 바르게 계산하면 9+4=13

월등한 개념 수학

배운 개념을 끊임없이 되짚어주니까
새로운 개념도 쉽게 이해됩니다

수학 개념이 쉽고 빠르게 소화되는 특별한 학습법

· 배운 개념과 배울 개념을 연결하여 소화가 쉬워지는 학습
· 문제의 핵심 용어를 짚어주어 소화가 빨라지는 학습
· 개념북에서 익히고 워크북에서 1:1로 확인하여 완벽하게 소화하는 학습

NE 능률

NE능률의 모든 교재가 한 곳에 - 엔이 북스

NE_Books

www.nebooks.co.kr ▼

NE능률의 유초등 교재부터 중고생 참고서,
토익·토플 수험서와 일반 영어까지!
PC는 물론 태블릿 PC, 스마트폰으로 언제 어디서나
NE능률의 교재와 다양한 학습 자료를 만나보세요.

✓ 필요한 부가 학습 자료 바로 찾기
✓ 주요 인기 교재들을 한눈에 확인
✓ 나에게 딱 맞는 교재를 찾아주는 스마트 검색
✓ 함께 보면 좋은 교재와 다음 단계 교재 추천
✓ 회원 가입, 교재 후기 작성 등 사이트 활동 시 NE Point 적립

영어교과서 리딩튜터 능률보카 빠른독해 바른독해 수능만만 월등한 개념 수학 토마토TOEIC 토마토 클래스 NE 클래스
NE_Build & Grow NE_Times NE_Kids(굿잡,상상수프) NE_능률 주니어랩 NE 매쓰펀

건강한 배움의 즐거움
NE 능률